티엔티엔
중국어
독학 첫걸음

저자 **김혜영** | 동영상 강의 **성구현**

PAGODA Books

티엔티엔
중국어
독학 첫걸음

초판 1쇄 인쇄 2017년 7월 5일
초판 5쇄 발행 2021년 10월 18일

지 은 이	|	김혜영
펴 낸 이	|	고루다
펴 낸 곳	|	Wit&Wisdom 도서출판 위트앤위즈덤
임프린트	|	PAGODA Books
출판등록	|	2005년 5월 27일 제 300-2005-90호
주　 소	|	06614 서울특별시 서초구 강남대로 419, 19층(서초동, 파고다타워)
전　 화	|	(02) 6940-4070
팩　 스	|	(02) 536-0660
홈페이지	|	www.pagodabook.com
저작권자	|	ⓒ 2017 김혜영

이 책의 저작권은 저자에게 있습니다. 서면에 의한 저작권자와 출판사의 허락 없이
내용의 일부 혹은 전부를 인용 및 복제하거나 발췌하는 것을 금합니다.

Copyright ⓒ 2017 by Hye-Young Kim

All rights reserved. No part of this publication may be reproduced, stored
in a retrieval system, or transmitted, in any form, or by any means, electronic,
mechanical, photocopying, recording or otherwise, without the prior written
permission of the copyright holders and the publisher.

ISBN 978-89-6281-801-7 (13720)

도서출판 위트앤위즈덤　 www.pagodabook.com
파고다 어학원　　　　　www.pagoda21.com
파고다 인강　　　　　　www.pagodastar.com
테스트 클리닉　　　　　www.testclinic.com

PAGODA Books는 도서출판 Wit&Wisdom의 성인 어학 전문 임프린트입니다.
낙장 및 파본은 구매처에서 교환해 드립니다.

머리말

'중국어를 알면 할 일이 많아진다'

우리나라 경제전문가들의 이야기에 빠지지 않는 키워드는 바로 중국입니다.

이러다 보니 최근 대한민국에서 "중국어 없이, 중국어를 모르고" 취업, 비즈니스는 불가능한 시대가 되었다고 이야기합니다.

다시 말해 중국어 학습은 필수를 넘어 이제 우리에게는 생존의 도구가 되었다는 것이겠죠!

'중국어, 혼자서 똑똑하게 공부하자!'

최근 중국어를 배워야 한다는 사람도 많아지고, 또한 중국어를 배울 수 있는 채널도 많아졌지만 일상에 허덕이는 바쁜 현대인들이 일부러 시간을 내어 정해진 시간에 학원에 다닌다거나 컴퓨터 앞에 앉아 영상을 챙기기란 쉽지 않은 일이겠죠.

바로 〈티엔티엔 중국어 독학 첫걸음〉은 이런 우리들의 팍팍한 현실을 위로하듯, 시간과 장소에 구애 받지 않고 혼자서도 쉽고 재미있게 배울 수 있는 독학자 맞춤 교재입니다.

이미 〈티엔티엔 중국어〉라는 교재명으로 온오프라인 현장에서 오랫동안 사랑 받았던 본 교재는 티칭형 위주의 기존 내용 외에, 혼자서도 충분히 공부할 수 있도록 철저한 독학자 중심의 꼼꼼하고 친절한 설명을 추가하였고, 또한 교재만으로는 풀리지 않는 답답함을 바로 바로 해결해 줄 수 있는 대한민국 국대급 스타강사 성구현선생님의 모바일 핵심강의, 그리고 혼공족을 위한 학습플랜, 내 실력을 가늠할 수 있는 자가테스트, 글자 하나도 놓치지 않는 간체자 노트 등, 효과적으로 공부하는 데 있어 꼭 필요한 코칭형 학습요소까지 정말 제대로 똑똑하게 공부할 수 있는 많은 장치들을 마련했습니다.

중국어 공부, 교재만큼 우리의 의지도 중요하겠죠! 배우고자 하는 의지와 식지 않은 열정을 가지고 끝까지 도전한다면 매일매일(티엔티엔) 중국어를 통해 더 나은 미래와 더 넓은 미래를 만날 수 있을 겁니다.

끝으로 〈티엔티엔 중국어 독학 첫걸음〉이 나올 수 있도록 아낌없이 지원해주신 파고다 교육그룹 박경실 회장님, 고루다 대표님, 그리고 모든 파고다 가족들께 깊은 감사를 전하며

〈티엔티엔 중국어 독학 첫걸음〉으로 중국어에 입문하신 모든 혼공족들이 중국어 학습 목표를 이룰 수 있도록 응원합니다!

2017년 7월

저자 김혜영

이책의 구성과 사용법

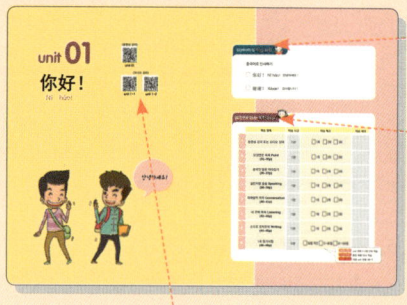

학습 사항
각 unit에서 꼭 알아두어야 할 학습 사항을 한눈에 쏙 들어오도록 정리하였습니다.

독학 Plan
혼자서도 체계적인 학습을 할 수 있도록 항목별 학습 시간을 기입하였고, 스스로 학습 정도와 횟수를 체크할 수 있도록 학습 체크표를 수록하였습니다.

QR코드로 동영상 강의와 오디오 강의 수강
스마트폰이나 모바일 기기로 QR코드를 스캔해 오디오 강의와 동영상 강의 가운데 자신이 원하는 강의를 선택하여 학습할 수 있습니다. 각 unit의 중요 학습 내용을 파고다 대표 강사의 강의로 미리 예습합니다.

요것만은 꼭꼭~ Point
해당 unit에서 학습할 포인트 내용을 자세히 설명하여, 마치 베테랑 강사의 학원 강의를 마주하고 듣는 것과 같은 동일한 흐름으로 구성하였습니다.

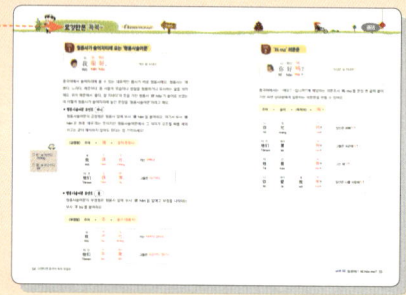

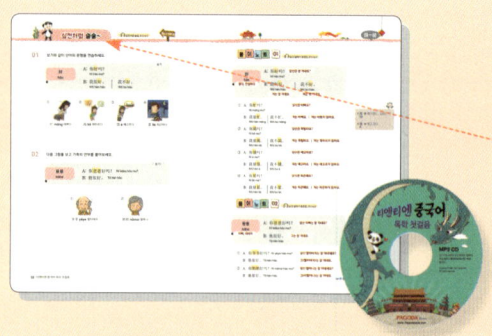

실전처럼 술술~ Speaking
앞 페이지에서 학습한 내용을 소리 내어 말해보는 단계입니다. 오른쪽 페이지에는 최종 확인을 위한 대화문 스크립트와 해석이 제시되어 있으며, 〈듣고 말하기 훈련용 MP3〉을 활용해 학습하면 듣고 말하는 능력을 배양할 수 있습니다.

회화 실력 쑥쑥~ Conversation
앞에서 학습한 문형과 어휘를 중심으로 구성된 회화문이 세공뇌며, 중국 현시 실생활 커뮤니케이션에 기반한 스토리로 자연스러운 회화 연습이 가능하도록 구성하였습니다.

독학! Plus+
독학 학습자에게 필요한 기본 학습 내용 외에도 해당 학습 사항과 연계된 관련 내용 및 부족한 설명을 보충한 코너입니다.

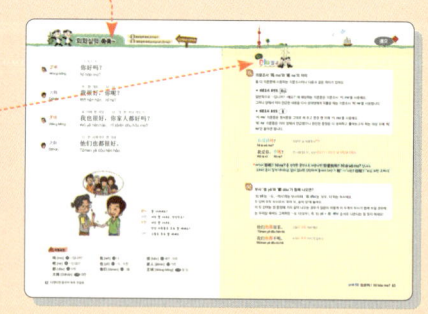

티엔티엔 7단계 학습법

무료 동영상·오디오 강의로 포인트 예습

1

독학 맞춤 플랜에 따라 교재+팟캐스트 오디오 강의 학습

2

듣고 말하기 훈련용 MP3로 집중 훈련!

3

동영상·오디오 강의는 교재 내 QR코드를 스캔해 이용하시거나 유튜브, 네이버TV, 팟빵 채널 등을 통해 무료로 이용하실 수 있습니다.

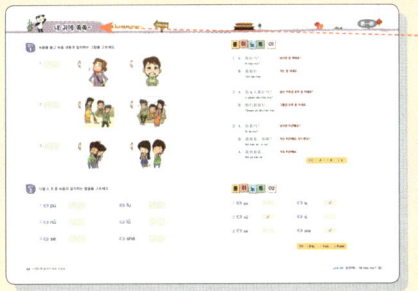

내귀에 쏙쏙~ Listening
본문과 연결되는 대화를 듣고 내용을 파악하는 코너로 기초 듣기 능력을 제고하고, 나아가 전반적인 듣기 능력을 향상시킬 수 있습니다.

손으로 또박또박~ Writing
각 unit의 가장 핵심이 되는 문형과 주요 어휘를 직접 쓰는 연습을 통해 한자는 물론 발음과 뜻을 학습하고, 배열하기를 통해 전반적인 중국어 수준을 향상시킬 수 있는 실용적인 코너입니다.

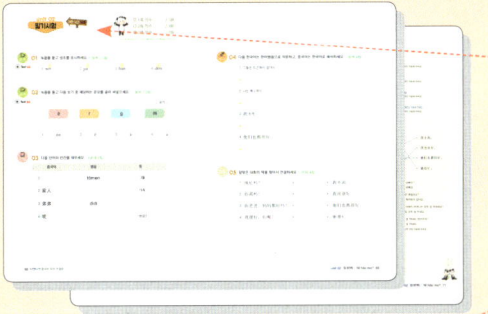

필기시험 & 문제 풀이
독학 학습인 만큼 철저한 자가 학습 진단이 이루어져야 합니다. 해당 unit의 필기시험에서 80점 이상을 득점하면 다음 unit으로 학습 진행이 가능합니다.

티엔티엔 생각펼치기
각 unit의 회화 포인트와 연관된 보충 어휘나 문형을 제시하여 보다 다양하게 회화를 구사할 수 있고 나아가 어휘 수준 활용 및 말하기 능력 또한 향상시킬 수 있는 코너입니다.

중국 문화
재미있는 중국 문화 이야기나 퀴즈를 통해 중국 문화에 대해 학습하는 코너입니다. 한국 문화와 다른 점을 찾아보는 것 또한 학습의 묘미겠죠?

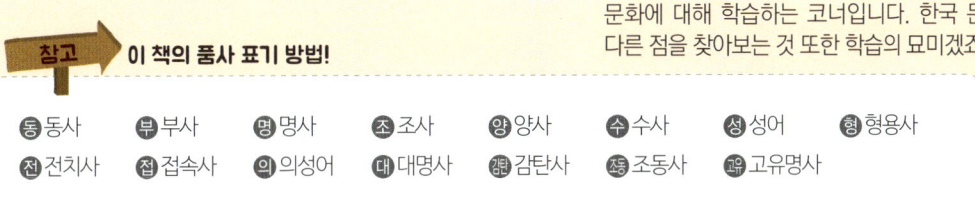

반복 재시험을 위한 재시험용 PDF와 HSK 유형의 최종 진단 평가 데이터를 CD안에 별도로 수록해 놓았습니다.

목차

 발음 1편
중국어 발음 성모 학습하기
운모 학습하기
성조 학습하기
 발음 2편
12

UNIT 01 你好! 안녕하세요!
30

회화 포인트 중국어로 인사하기
어법 포인트 중국어 문장구조 이해하기

UNIT 02 你好吗? 잘 지내세요?
52

회화 포인트 중국어로 안부를 묻고 답하기
어법 포인트 형용사술어문 / '吗'의문문 학습하기

UNIT 03 你买书吗? 당신은 책을 사요?
74

회화 포인트 중국어로 상대방의 근황 묻기
어법 포인트 동사술어문 학습하기 / 주술술어문 학습하기

UNIT 04 这是什么? 이것은 무엇인가요?
96

회화 포인트 중국어로 사물 묻고 답하기
어법 포인트 의문사 의문문 학습하기 (1) / '是'자문 학습하기

UNIT 05 您贵姓? 당신 성은 뭐예요?
120

회화 포인트 중국어로 이름과 국적 소개하기
어법 포인트 의문사 의문문 학습하기 (2)

UNIT 06 你去哪儿? 당신은 어디를 가요?
142

회화 포인트 중국어로 행선지 묻고 답하기
어법 포인트 의문사 의문문 학습하기 (3) / 지시대명사 학습하기 / 정반의문문 학습하기

UNIT 07 他是谁? 그는 누구예요? 164

회화 포인트 중국어로 소유관계 표현하기
어법 포인트 이문사 이문문 학습하기 (4) / 구조조사 '的' 학습하기 / '有'자문 학습하기

UNIT 08 你家有几口人? 당신 가족은 몇 명이에요? 188

회화 포인트 중국어로 가족 수와 구성원 묻기
어법 포인트 양사 익히기

UNIT 09 你在哪儿工作? 당신은 어디에서 일하세요? 210

회화 포인트 중국어로 직업 묻기
어법 포인트 전치사구 익히기 / 제의, 청유, 명령의 어기조사 '吧' 학습하기

UNIT 10 你今年多大? 당신은 올해 나이가 어떻게 되세요? 232

회화 포인트 중국어로 나이 묻기
어법 포인트 명사술어문 학습하기 / [多 + 형용사] 의문문 학습하기 / 나이와 띠 묻기

UNIT 11 今天几月几号? 오늘은 몇 월 며칠이에요? 254

회화 포인트 중국어로 날짜 표현하기
어법 포인트 조동사 '想' 학습하기

UNIT 12 现在几点? 지금은 몇 시예요? 274

회화 포인트 중국어로 시간 표현하기
어법 포인트 연동문 학습하기

독학! 4주 완성 플랜

하루 1시간 4주 만에 끝내는 독학 학습 플랜입니다.
자신만의 학습 계획을 세워 하루하루 학습을 꼼꼼히 체크해 나가도록 하세요~

Plan 1주차

	월 일 1 Day	월 일 2 Day	월 일 3 Day	월 일 4 Day	월 일 5 Day	월 일 6 Day	월 일 7 Day
동영상 강의	☐ unit 0	☐ unit 0	☐ unit 0	☐ unit 0	☐ unit 01		☐ unit 02
오디오 강의	☐ unit 0	☐ unit 0	☐ unit 0	☐ unit 0	☐ unit 1-1	☐ unit 1-2	☐ unit 2-1
교재	☐ 12~17p	☐ 17~20p	☐ 21~23p	☐ 24~29p	☐ 30~38p	☐ 40~45p	☐ 52~58p
듣고 말하기						☐ 01-06	
필기시험						☐ unit 01	
간체자 쓰기				☐ 1~3p		☐ 4~5p	
포켓북						☐ P01-01~03	

Plan 2주차

	월 일 8 Day	월 일 9 Day	월 일 10 Day	월 일 11 Day	월 일 12 Day	월 일 13 Day	월 일 14 Day
동영상 강의		☐ unit 03		☐ unit 04		☐ unit 05	
오디오 강의	☐ unit 2-2	☐ unit 3-1	☐ unit 3-2	☐ unit 4-1	☐ unit 4-2	☐ unit 5-1	☐ unit 5-2
교재	☐ 60~67p	☐ 74~80p	☐ 82~89p	☐ 96~104p	☐ 106~113p	☐ 120~126p	☐ 128~135p
듣고 말하기	☐ 02-05 02-07		☐ 03-05 03-07		☐ 04-06 04-08		☐ 05-05 05-07
필기시험	☐ unit 02		☐ unit 03		☐ unit 04		☐ unit 05
간체자 쓰기	☐ 6~9p		☐ 10~13p		☐ 14~18p		☐ 19~23p
포켓북	☐ P02-01~03		☐ P03-01~03		☐ P04-01~03		

	월 일	월 일	월 일	월 일	월 일	월 일	월 일
	15 Day	16 Day	17 Day	18 Day	19 Day	20 Day	21 Day
동영상 강의	☐ unit 06		☐ unit 07		☐ unit 08		☐ unit 09
오디오 강의	☐ unit 6-1	☐ unit 6-2	☐ unit 7-1	☐ unit 7-2	☐ unit 8-1	☐ unit 8-2	☐ unit 9-1
교재	☐ 142~148p	☐ 150~157p	☐ 164~172p	☐ 174~181p	☐ 188~194p	☐ 196~203p	☐ 210~216p
듣고 말하기		☐ 06-05 06-07		☐ 07-06 07-08		☐ 08-04 08-06	
필기시험		☐ unit 06		☐ unit 07		☐ unit 08	
간체자 쓰기		☐ 24~27p		☐ 28~30p		☐ 31~34p	
포켓북	☐ P05-01~03		☐ P06-01~03		☐ P07-01~03		☐ P08-01~03

Plan 3주차

	월 일	월 일	월 일	월 일	월 일	월 일	월 일
	22 Day	23 Day	24 Day	25 Day	26 Day	27 Day	28 Day
동영상 강의		☐ unit 10		☐ unit 11		☐ unit 12	
오디오 강의	☐ unit 9-2	☐ unit 10-1	☐ unit 10-2	☐ unit 11-1	☐ unit 11-2	☐ unit 12-1	☐ unit 12-2
교재	☐ 218~225p	☐ 232~238p	☐ 240~247p	☐ 254~258p	☐ 260~267p	☐ 274~278p	☐ 280~287p
듣고 말하기	☐ 09-04 09-06		☐ 10-04 10-06		☐ 11-03 11-05		☐ 12-03 12-05
필기시험	☐ unit 09		☐ unit 10		☐ unit 11		☐ unit 12
간체자 쓰기	☐ 35~39p		☐ 40~44p		☐ 45~49p		☐ 50~56p
포켓북		☐ P09-01~03		☐ P10-01~03		☐ P10-01~03	

Plan 4주차

등장인물 소개

중국인 남자

小东 Xiǎodōng
샤오동
(20대 초반 남자)

王明 Wáng Míng
왕밍
(20대 초반 남자)

중국인 여자

王丽 Wáng Lì
왕리
(20대 후반 여성)

한국인 남자

民国 Mínguó
민국
(20대 후반 남자)

大韩 Dàhán
대한
(20대 후반 남자)

한국인 여자

美娜 Měinà
미나
(20대 초반 여성)

美珍 Měizhēn
미진
(20대 후반 여성)

〈동영상 강의〉

발음 1편 발음 2편

〈오디오 강의〉

운모 연습1 성모 연습

운모 연습2 성조 연습 외

중국어
발음

중국어란?

〈동영상 강의〉　〈오디오 강의〉

발음 1편　unit 0.
　　　　　운모 연습1

-한족의 언어 '한어'

중국은 한족과 55개의 소수민족으로 구성되어 있는 나라예요.
중국어는 그 중에서 94%를 차지하는 '한족의 언어'라는 뜻으로 **'한어'**(汉语 한위)라고 부릅니다. 그러나 중국 국토가 넓기 때문에 각 지역의 방언을 사용하게 되면 중국인들끼리도 의사소통이 어렵다고 하네요. 이 때문에 중국 정부가 북경어를 중심으로 표준어를 정하였는데, 이것을 '보통화(普通话 푸통화)'라고 합니다.
이 표준어만 구사 할 줄 안다면 중국 어디에서든 의사소통에는 문제가 없겠죠!

-간단한 한자 '간체자'

우리나라, 대만, 홍콩 등에서 사용하는 한자를 '**번체자**(繁体字)'라고 해요. 번체자는 획수가 많고 복잡하기 때문에 현재 중국에서는 이러한 글자의 복잡한 획수를 줄이고 쓰기 쉽게 고친 글자를 사용하고 있어요.
이러한 글자를 '**간자체**(简体字)'라고 합니다.

習 (번체자) → 习 (간체자)

–한자를 몰라도 읽을 수 있다 '한어병음'

10만자가 넘는 한자는 뜻글자이기 때문에 일일이 어떻게 읽어야 하는지 알 수가 없어요. 그래서 중국에서는 라틴자모(알파벳)을 사용해서 한자를 읽을 수 있도록 발음 기호를 만들었는데 그것을 '**한어병음**'이라고 합니다.
한어병음은 '**성모, 운모, 성조**'로 구성되어 있습니다.

hěn shuài

–중국어의 매력 '성조'

중국어의 가장 큰 특징은 바로 '**성조**'입니다. 성조란 음의 높고 낮음을 말하는데 중국어는 각 음절마다 이런 고유의 성조를 가지고 있어요.
기본적으로 네 개의 성조가 있는데 '제1성, 제2성, 제3성, 제4성'이라고 부릅니다. 중국어는 발음이 같아도 성조에 따라 뜻이 달라지기 때문에 중국어 학습에 있어서 매우 중요한 것이 바로 '성조'입니다.

bā 1성(ˉ)　má 2성(ˊ)
nǐ 3성(ˇ)　pà 4성(ˋ)

중국어 발음

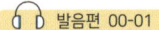

중국어의 음절은 '성모와 운모, 성조'로 구성되어 있고, 이를 '한어병음'이라고 해요.

❶ 기본운모 (단운모)

우리말의 모음과 비슷한 '운모'는 음절에서 '성모(중국어 음절 첫 부분에 오는 자음)'를 제외한 나머지 부분으로 총 36개가 있어요.

가장 기본이 되는 6개의 단운모는 다음과 같아요.

a	o	e	i	u	ü
아	오어	으어	이	우	위

a	아	우리말의 '아'보다 입을 더 크게 발음해요.
o	오-어	'오'와 '어'의 중간 발음으로, 입을 모아 '오'로 시작해서 천천히 풀어주며 '어'로 마무리 해요.
e	으-어	우리말의 '어'처럼 발음하는데 그 앞에 부드럽게 '으'를 넣어 발음해요.
i	이	입술은 옆으로 길게 벌리고 우리말의 '이'처럼 발음해요.
u	우	입을 동그랗게 모아 앞으로 살짝 내밀면서 우리말의 '우'처럼 발음해요.
ü	위	입술을 작고 둥글게 앞으로 내밀어 '위'를 발음하되, 입술을 움직이지 않고 둥근 상태를 유지해요.

❷ 성모 🎧 발음편 00-02

〈오디오 강의〉
unit 0.
성모 연습

성모는 중국어 음절의 첫 부분에 오는 자음으로 총 21개가 있어요.

b	p	m	f
ㅃ	ㅍ	ㅁ	ㅍ

* 'b, p, m, f'를 단독으로 읽을 때는 일반적으로 뒤에 운모 'o'(오어)를 붙여 발음해요.

b(o) 뽀-어   'b'는 입술을 붙였다 떼면서 우리말의 'ㅃ'에 가까운 소리로 발음하는데, 'ㅂ'보다는 강하게 발음해요.

p(o) 포-어   'p'는 입술을 튕기면서 우리말의 'ㅍ'처럼 발음해요.

m(o) 모-어   'm'은 우리말의 'ㅁ'에 가까운 소리로 콧소리가 들어간 발음이에요.

f(o) 포-어   'f'는 영어의 [f]처럼 아랫입술에 윗니를 가볍게 대고 발음해요.

d	t	n	l
ㄸ	ㅌ	ㄴ	ㄹ

* 'd, t, n, l'를 단독으로 읽을 때는 일반적으로 뒤에 운모 'e'(으어)를 붙여 발음해요.

d(e) 뜨-어   'd'는 우리말의 'ㄸ'에 가까운 소리로 'ㄷ'보다 더 강하게 발음해요.

t(e) 트-어   't'는 우리말의 'ㅌ'에 가까운 소리로 혀끝을 윗니 안쪽에 붙였다 튕기면서 발음해요.

n(e) 느-어   'n'는 우리말의 'ㄴ'에 가까운 소리로 콧소리가 들어간 발음이에요.

l(e) 러-어   'l'는 우리말의 'ㄹ'에 가까운 소리로 혀끝을 입천장에 댔다 튕기면서 강하게 발음해요.

〈동영상 강의〉

발음 2편

g	k	h	j	q	x
ㄲ	ㅋ	ㅎ	ㅈ	ㅊ	ㅅ

* 'g, k, h'를 단독으로 읽을 때는 일반적으로 뒤에 운모 'e' (으어)를 붙여 발음하고, 'j, q, x'는 뒤에 운모 'i' (이)를 붙여 발음해요.

g(e) 끄-어
'g'는 우리말의 'ㄲ'에 가까운 소리로 'ㄱ'보다 더 강하게 발음하며 목 안쪽 깊은 곳에서 소리를 끌어내듯 발음해요.

k(e) 크-어
'k'는 우리말의 'ㅋ'에 가까운 소리로, 'g'과 같이 목 안쪽 깊은 곳을 긁어주듯 강하게 공기를 내뿜으며 발음해요.

h(e) 흐-어
'h'는 우리말의 'ㅎ'에 가까운 소리이지만 혀 뿌리에서 내는 느낌으로 강하고 탁한 소리로 발음해요.

j (i) 지
'j'는 우리말의 'ㅈ'소리가 나는 발음으로, 입을 양 옆으로 더 길게 벌려 발음해요.

q (i) 치
'q'는 우리말의 'ㅊ'처럼 발음하되 공기를 더 강하게 내보내요.

* 한국인들이 많이 틀리는 발음이에요. 'q'를 'ㅋ'로 발음하지 않도록 주의하세요.

x (i) 시
'x'는 우리말의 'ㅅ'소리가 나는 발음으로 혀를 입천장에 붙였다 떼면서 강하게 발음해요.

z	c	s	zh	ch	sh	r
ㅉ	ㅊ	ㅆ	ㅈ	ㅊ	ㅅ	ㄹ

* 'z, c, s, zh, ch, sh, r'를 단독으로 읽을 때는 일반적으로 뒤에 운모 'i'를 붙여 읽어요. 이 때 'i'는 위의 7개 운모와 결합할 때만 '이'가 아닌 '으'처럼 발음해요.

z (i) 쯔
'z'는 혀를 반듯이 펴서 '쯧쯧' 혀를 찰 때의 발음처럼 혀 끝을 아랫니 뒷부분에 댄 상태로 공기를 내보내면서 '쯔'로 소리를 내요.

c (i) 츠
'c'는 'z'와 같은 발음 방법이지만 'z'보다 더 공기를 강하게 내뿜으며 '츠'로 발음해요.

s (i) 쓰
's'는 혀 끝을 아랫니 뒤쪽에 붙이고 공기를 강하게 내뿜으며 '쓰'로 발음해요.

* 'zh, ch, sh, r'은 '혀를 살짝 말면서 발음한다' 하여 '권설음'이라고 해요.

zh(i)	즈	'zh'는 혀끝을 입천장에 달 듯 말 듯 말아 올린 후, 혀와 입천장 사이로 공기를 빼면서 '즈'로 발음해요.
ch(i)	츠	'ch'는 'zh'와 같은 방법이지만 'zh'보다 더 강하게 내뿜으며 '츠'로 발음해요.
sh(i)	스	'sh'는 혀끝이 입천장에 닿지 않고 혀끝을 뒤로 말아 올려 입천장에 가까이 가져간 상태에서 혀끝과 입천장 사이로 공기를 내뿜으며 '스'로 발음해요.
r(i)	르	'r'는 'sh'와 같은 방법으로 성대를 진동시키며 '르'라고 발음해요.

〈오디오 강의〉

③ 운모(1)

unit 0.
운모 연습2

운모는 기본운모(단운모)와 함께 '복운모, 비운모, 결합운모, 권설운모'가 있어요.

▶ **복운모**

복운모는 단운모와 단운모가 결합된 것으로, 앞에 운모는 길게, 뒤에 운모는 짧게 발음하는 특징이 있어요.

ai	ei	ao	ou
아이	에이	아오	어우

ai	아이	우리말의 '아이'처럼 발음하고 뒤에 'i' (이)는 짧고 약하게 발음해요.
ei	에이	우리말의 '에이'처럼 발음하고 뒤에 'i' (이)는 짧고 약하게 발음해요. 기본운모 'e'는 '으어'로 발음하지만 'ei'는 '으어이'가 아니라 '에이'로 발음해야 해요.
ao	아오	우리말의 '아오'처럼 발음하고 뒤에 'o' (오)는 짧고 약하게 발음해요.
ou	어우	우리말의 '어우'처럼 발음하는데, 이때 앞에 쓰인 'o'는 '어'와 '오'의 중간발음이기 때문에 'ou'를 완전한 '오우'로 발음하지 않아요.

발음편

▶ 비운모

'비운모'는 운모에 비음인 'n', 'ng'가 결합한 운모를 말해요.
'n'은 'ㄴ' 받침에 가깝게, 'ng'는 'ㅇ'발음에 가깝게 발음해요.

an	en	ang	eng	ong
안	(으)언	앙	(으)엉	옹

an 안 — 편안하게 입을 벌려 '안'으로 발음해요.

en 으언 — 먼저 '으' 소리를 살짝 내다가 '언' 하고 붙여줘요.

ang 앙 — 마치 울음소리처럼 '앙'으로 발음해요.

eng 으엉 — '으'가 살짝 들어간 '엉'으로 발음해요.

ong 옹 — 기본은 '옹'이지만 실제 쓰일 때는 단어에 따라 '웅'에 가깝게 발음하기도 해요.

❹ 운모(2)

▶ 결합운모

i+운모	ia	ie	iao	iou(iu)*	ian*	in	iang	ing	iong
	이아	이에	이아오	이어우(여우)	이엔	인	이앙	잉	이옹
	ya	ye	yao	you	yan	yin	yang	ying	yong

① 'i'로 시작되는 음절이 앞에 다른 성모 없이 단독으로 쓰이면 'i'는 'y'로 표기해요. (y = i)

ia → ya 이아   ie → ye 이에   iao → yao 이아오
iou → you 이어우   ian → yan 이엔   iong → yong 이옹

② 단, 'i, in, ing'가 단독으로 쓰일 경우에는 'i'를 없애지 않고 그 앞에 'y'를 덧붙여야 해요.

i → yi 이   in → yin 인   ing → ying 잉

③ 'iou'가 앞에 성모와 합쳐지면 가운데 운모 'o'를 생략하여 'iu'로 씁니다.
하지만 'o'가 생략되더라도 'o' 발음은 살짝 내줘야 해요.

j + iou → jiu 지오우   x + iou → xiu 시오우

④ 'ian'은 '이안'이 아니라 '이엔'으로 발음해야 해요.

man 만 – mian 미엔   dan 딴 – dian 띠엔

u+운모	ua	uo	uai	uei(ui)*	uan	uen(un)*	uang	ueng
	우아	우오	우아이	우에이	우안	우언	우앙	우엉
	wa	wo	wai	wei	wan	wen	wang	weng

① 'u'로 시작되는 음절이 앞에 다른 성모 없이 단독으로 쓰이면 'u'는 'w'로 표기해요. (u=w)

ua → wa 우아   uo → wo 우오   uai → wai 우아이
uei → wei 우에이   uan → wan 우안   uen → wen 우언
uang → wang 우앙   ueng → weng 우엉

② 단, 'u'가 앞에 다른 성모 없이 단독으로 쓰일 경우에는 'u'를 없애지 않고 그 앞에 'w'를 덧붙여야 해요.

u → wu 우

③ 'uei'가 앞에 성모와 합쳐지면 가운데 운모 'e'를 생략하여 'ui'로 씁니다.
하지만 'e'가 생략되더라도 'e' 발음은 살짝 내줍니다.

d + uei → dui 뚜에이   h + uei → hui 후에이

발음편

④ 'uen'이 앞에 성모와 합쳐지면 가운데 운모 'e'를 생략하여 'un'으로 씁니다.
하지만 'e'가 생략되더라도 'e'발음은 살짝 내줘야 해요.

> k + uen → kun 쿠언(쿤)　　　d + uen → dun 뚜언(뚠)

(ü+운모)	üe 위에	üan 위엔	ün 윈
	yue	yuan	yun

① 'ü'로 시작되는 음절이 앞에 다른 성모 없이 단독으로 쓰이면 'ü'는 'yu'로 표기해요. (ü =yu)

> üe → yue 위에　　üan → yuan 위엔　　ün → yun 윈

② 단, 'ü'가 앞에 다른 성모 없이 단독으로 쓰일 경우에는 'ü'는 'yu'로 바꿔 표기해요.

> ü → yu 위

③ 성모 'j, q, x'가 'ü'나 'ü'로 시작하는 운모와 함께 쓰이면 위의 두 점은 생략하여 'u'로 표기해요.

> j + ü → ju　　　q + ün → qun　　　x + üe → xue

④ 'üe'는 '위에'로 읽어야 하고, 'üan'은 '위엔'으로 읽어야 해요.

  * 기존의 'e'(으어)와 'an'(안)의 발음과 혼동하지 않도록 주의하세요.

▶ 권설운모

권설운모는 혀를 말아 발음하는 운모예요.

권설운모	er 얼

* 'er'은 혀끝을 입천장 쪽으로 말아 올리며 우리말의 '얼'처럼 발음해요.

5 성조 🎧 발음편 00-04

〈오디오 강의〉

unit 0.
성조 연습 외

성조란 중국어의 음절이 갖고 있는 소리의 높낮이를 말해요. 기본적으로 4가지의 성조가 있으며 성조는 기본운모 위에 표기해요.

▶ 중국어 4성

제1성	제2성	제3성	제4성
ā	á	ǎ	à
5 → 5	3 → 5	2 → 1 → 4	5 → 1

- 제1성   처음부터 끝까지 높은 음을 유지해요.
- 제2성   중간 음에서 높은 음까지 단번에 올립니다.
- 제3성   가장 낮은 음까지 내려갔다가 살짝 올려줍니다.
- 제4성   가장 높은 음에서 가장 낮은 음으로 소리를 뚝 떨어뜨립니다.

발음편

▶ **경성**

표준어에서 일부 음절은 원래의 성조를 잃고 가볍고 짧게 발음되는 경우가 있는데 이를 '경성'이라고 해요. 가볍게 살짝 떨어지듯 소리를 냅니다. 경성은 늘 다른 성조의 뒤에 오고, 앞 음절의 성조에 따라 소리의 높이가 달라집니다. 또한 경성은 별도로 표기하지 않아요.

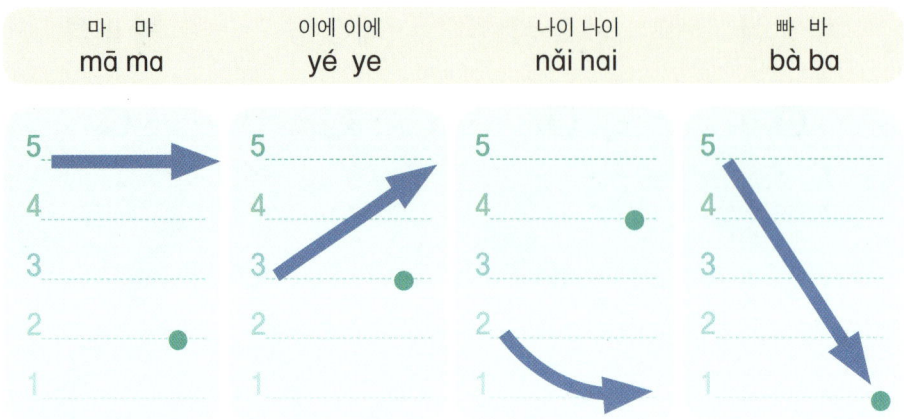

* ● 부분이 경성의 음가예요.

❻ 한어병음 표기 유의점

성조 표기

① 성조는 기본운모 위에 표기해요.

예 tà 타   dé 뜨어   kū 쿠

② 운모가 두 개 이상일 경우 입을 벌리는 정도가 큰 운모(기본운모)순으로 성조를 표기해요.

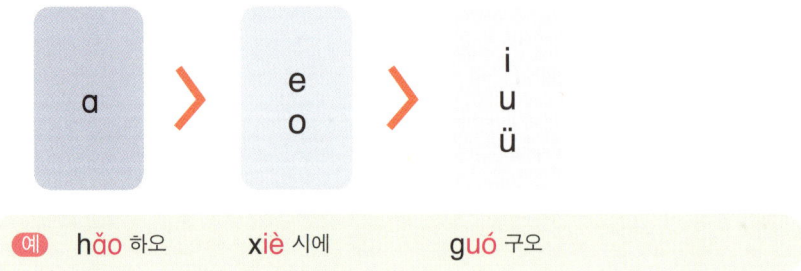

예 hǎo 하오   xiè 시에   guó 구오

③ 운모 'i'에 성조를 표기할 경우 'i' 위의 점은 생략해요.

　예　nǐ 니　　　bì 뻬　　　pī 피

④ 운모 'i'와 'u'가 나란히 있는 경우, 뒤에 오는 운모에 성조를 표기해요.

* 'i'와 'u(ü)' 운모는 나란히 나오는 경우가 많아요. 이때는 반드시 뒤에 나오는 운모에 성조를 표시해야 해요. 그러나 'e'와 'o'가 동시에 나오는 경우는 없으니 혼동하지 않도록 하세요!

　예　jiǔ 지오우　　duì 뚜에이　　shuǐ 슈에이

발음편

▶ 녹음을 듣고 다음 운모와 성모를 큰 소리로 읽어보세요. 🎧 발음편 00-05

운모

단운모	a	o	e	i / yi	u / wu	ü / yu

복운모	ai	ei	ao	ou

비운모	an	en	ang	eng	ong

결합운모 (i+운모)	ia / ya	ie / ye	iao / yao	iou(iu)* / you	ian / yan	in / yin	iang / yang	ing / ying	iong / yong

결합운모 (u+운모)	ua / wa	uo / wo	uai / wai	uei(ui)* / wei	uan / wan	uen(un)* / wen	uang / wang	ueng / weng

결합운모 (ü+운모)	üe / yue	üan / yuan	ün / yun

권설운모	er

성모

b	p	m	
		f	
d	t	n	l
g	k		h
j	q		x
z	c		s
zh	ch	sh	r

▶ 녹음을 듣고 다음 한어병음을 큰소리로 따라 읽어보세요.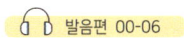

① gē　　sù　　fǎ　　bó　　rì
② cí　　nǚ　　qī　　shū　　zá
③ lái　　zāo　　lóu　　bēi　　kǒu
④ kàn　　zhòng　　chóng　　shāng　　hěn
⑤ mǐn　　piào　　diū　　liǎn　　qián
⑥ wǒ　　yī　　yě　　wèn　　yīng
⑦ wài　　wán　　yǒu　　yòng　　yān
⑧ luó　　zuǐ　　huà　　nuǎn　　chūn
⑨ jù　　xuě　　quán　　yūn　　yǔ
⑩ bà ba　　dōng xi　　tóu fa　　là de　　jiě jie

 01 녹음을 듣고 성조를 표시하세요.

◎ Test 01

① hao   ② men   ③ ku   ④ dong   ⑤ le

⑥ wu   ⑦ yi   ⑧ yu   ⑨ ban   ⑩ gang

① ___ái   ② ___ěi   ③ ___īn   ④ ___ié   ⑤ ___èng

⑥ ___uō   ⑦ ___ū   ⑧ ___ǐ   ⑨ ___ǒu   ⑩ ___óng

 03 녹음을 듣고 운모를 써 보세요.

◎ Test 03

① d___   ② sh___   ③ m___   ④ q___   ⑤ g___

⑥ n___   ⑦ ch___   ⑧ f___   ⑨ j___   ⑩ x___

듣기 04 녹음을 듣고 녹음과 일치하는 발음을 고르세요.

Test 04

① wǒ ☐　　wǔ ☐

② yè ☐　　yuè ☐

③ pó ☐　　fó ☐

④ dà ☐　　tà ☐

⑤ zī ☐　　zhī ☐

⑥ shí ☐　　sì ☐

⑦ mǎi ☐　　měi ☐

⑧ cōng ☐　　kōng ☐

⑨ huǒ ☐　　hóu ☐

⑩ yuán ☐　　yán ☐

발음 학습 문제 정답

🔊 듣기

01 녹음을 듣고 성조를 표시하세요.

① hao ② men ③ ku ④ dong ⑤ le
⑥ wu ⑦ yi ⑧ yu ⑨ ban ⑩ gang

02 녹음을 듣고 성모를 써 보세요.

① ___ái ② ___ěi
③ ___īn ④ ___ié
⑤ ___èng ⑥ ___uō
⑦ ___ū ⑧ ___ǐ
⑨ ___ǒu ⑩ ___óng

03 녹음을 듣고 운모를 써 보세요.

① d___ ② sh___
③ m___ ④ q___
⑤ g___ ⑥ n___
⑦ ch___ ⑧ f___
⑨ j___ ⑩ x___

01

① hǎo 하오 ② mén 먼 ③ kū 쿠 ④ dǒng 똥 ⑤ lè 러
⑥ wǔ 우 ⑦ yī 이 ⑧ yù 위 ⑨ bàn 빤 ⑩ gāng 깡

*⑥ wu – 운모 'u'가 성모 없이 단독으로 쓰일 때는 'u' 앞에 'w'를 붙여야 해요. 발음의 차이는 없이 그대로 '우'로 발음해요.
⑦ yi – 운모 'i'가 성모 없이 단독으로 쓰일 때는 'i' 앞에 'y'를 붙여요.
⑧ yu – 운모 'ü'가 성모 없이 단독으로 쓰일 때는 'ü'를 없애고 'yu'로 표기해요.

02

① lái 라이 ② gěi 게이
③ jīn 진 ④ bié 비에
⑤ téng 텅 ⑥ duō 뚜오
⑦ shū 슈 ⑧ zhǐ 즈
⑨ kǒu 커우 ⑩ hóng 홍

*②④ gěi, bié
→ 'ei'와 'ie'는 각각 '에이, 이에'로 발음해요.
⑧ zhǐ
→ 성모 'zh, ch, sh, r, z, c, s,' 뒤에 'i'가 올 때 'i'는 '이'가 아니라 '으'에 가까운 소리가 나요.

03

① dú 뚜 ② shì 스
③ máng 망 ④ qù 취
⑤ guì 꾸에이 ⑥ nǚ 뉘
⑦ chē 쳐 ⑧ fēi 페이
⑨ jiǔ 지오우 ⑩ xiàn 시엔

*② shì → 'sh' 뒤에 'i'가 올 때 'i'는 '이'가 아니라 '으'에 가까운 소리가 나요.
④ qù → 'q'와 'ü' (위)가 결합할 때는 위의 두 점이 생략돼요. 발음은 그대로 '취'로 읽어줘야 해요.
⑤ guì → 운모 'uei'가 성모와 결합할 때는 가운데 'e'가 생략되어 'ui'로 표기해요.
⑨ jiǔ → 운모 'iou'가 성모와 결합할 때는 가운데 'o'가 생략되어 'iu'로 표기해요.

04 녹음을 듣고 녹음과 일치하는 발음을 고르세요.

① wǒ ☐   wǔ ☐
② yè ☐   yuè ☐
③ pó ☐   fó ☐
④ dà ☐   tà ☐
⑤ zī ☐   zhī ☐
⑥ shí ☐   sì ☐
⑦ mǎi ☐   měi ☐
⑧ cōng ☐   kōng ☐
⑨ huǒ ☐   hóu ☐
⑩ yuán ☐   yán ☐

① wǒ ✓   wǔ ☐
　워　　　우
② yè ☐   yuè ✓
　이에　　위에
③ pó ✓   fó ☐
　포(어)　포(어)
④ dà ✓   tà ☐
　따　　　타
⑤ zī ☐   zhī ✓
　쯔　　　즈
⑥ shí ✓   sì ☐
　스　　　쓰
⑦ mǎi ☐   měi ✓
　마이　　메이
⑧ cōng ☐   kōng ✓
　총　　　콩
⑨ huǒ ✓   hóu ☐
　후오　　허우
⑩ yuán ✓   yán ☐
　위엔　　이엔

*① wo = uo   wu = u
→ 'u'로 시작되는 음절은 'u'를 'w'로 바꿔 표기하고, 'u'가 단독으로 쓰일 때는 'u' 앞에 'w'를 덧붙여 'wu'로 표기해요.
② ⑩ ye = ie, yan = ian
→ 'i'로 시작하는 음절이 성모 없이 단독으로 쓰이면, 'i'는 'y'로 바꿔 표기해요.
③ 'po'에서 'p'는 우리말의 'ㅍ'에 가깝지만 공기가 더 세게 빠져나가듯 발음해요. 'fo'에서 'f'는 영어의 [f]와 같은 발음으로 아랫입술에 윗니를 가볍게 대고 발음해요.
⑩ yue = üe   yuan = üan
→ 'ü'로 시작되는 음절은 'ü'를 'yu'로 바꿔 표기해요.

unit 01
你好!
Nǐ hǎo!

〈동영상 강의〉

unit 01

〈오디오 강의〉

unit 1-1   unit 1-2

안녕하세요!

알아두어야 할 학습 사항

중국어로 인사하기

☐ 你好! Nǐ hǎo! 안녕하세요!

☐ 谢谢! Xièxie! 감사합니다!

2시간만에 끝내는 독학 Plan

	학습 항목	학습 시간	학습 체크	학습 메모
1	동영상 강의 또는 오디오 강의	15분	☐1회 ☐2회 ☐3회	
2	요것만은 꼭꼭 Point (32~35p)	15분	☐1회 ☐2회 ☐3회	
3	중국인 발음 따라잡기 (36~37p)	15분	☐1회 ☐2회 ☐3회	
4	실전처럼 술술 Speaking (38~39p)	15분	☐1회 ☐2회 ☐3회	
5	회화실력 쑥쑥 Conversation (40~41p)	15분	☐1회 ☐2회 ☐3회	
6	내 귀에 쏙쏙 Listening (42~43p)	15분	☐1회 ☐2회 ☐3회	
7	손으로 또박또박 Writing (44~45p)	15분	☐1회 ☐2회 ☐3회	
8	1과 필기시험 (46~49p)	30분	☐50점 미만 ☐51~80점 ☐81~100점	

50점 미만 unit 전체 1~2회 반복 학습
51점~80점 틀린 부분 다시 학습
81점~100점 다음 unit 진행 OK~!!

요것만은 꼭꼭~

요것만은 꼭꼭 01-01

어법 1 인칭대명사

워 니 워먼
我，你，我们   나, 너, 우리
wǒ nǐ wǒmen

'나, 너, 우리, 그것' 등 사람이나 사물의 명칭을 대신해서 가리키는 말을 '인칭대명사'라고 해요.

	단 수	복 수	존 칭
1인칭	워 我 [wǒ] 나	워 먼 我们 [wǒmen] 우리	
2인칭	니 你 [nǐ] 너, 당신	니 먼 你们 [nǐmen] 너희들, 당신들	닌 您 [nín] 당신(존칭)
3인칭	타 他 [tā] 그 타 她 [tā] 그녀 타 它 [tā] 그것 ❶	타 먼 他们 [tāmen] 그들 타 먼 她们 [tāmen] 그녀들 타 먼 它们 [tāmen] 그것들 ❷	

□ 好 ❺ 좋다, 안녕하다
  hǎo

★ 중국어에서는 사물, 동식물을 나타내는 ❶它 tā, ❷它们 tāmen'도 인칭대명사로 분류해요.

복수형은 뒤에 '~들'에 해당하는 '먼 们 men'을 붙여주고, 존칭은 '당신, 너'를 뜻하는 '니 你 nǐ' 대신 존칭형 '닌 您 nín'을 써야 해요.

니 하오
你好!   Nǐ hǎo!   안녕! (안녕하세요!)
니 먼 하오
你们好! Nǐmen hǎo! 너희들 안녕! (여러분들 안녕하세요!)
닌 하오
您好!   Nín hǎo!   안녕하세요! (존칭)

어법 2 중국어 어순

워 아이 니
我 爱 你。
Wǒ ài nǐ.

나는 당신을 사랑합니다.

★ 중국어의 특징 포인트 (하나)

중국어는 [주어 + 술어 + 목적어] 어순으로, '나는 ➡ 사랑합니다 ➡ 당신을'의 순서입니다.

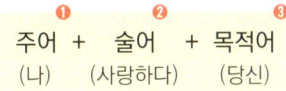

❶   ❷   ❸
주어 + 술어 + 목적어
(나) (사랑하다) (당신)

워   아이   니
我   爱   你。❹   나는 당신을 사랑합니다.
Wǒ   ài   nǐ.

- □ 爱 통 사랑하다 ài
- □ 看 통 보다 kàn
- □ 喝 통 마시다 hē
- □ 茶 명 차 chá

❶ 주어란? 문장의 주체가 되는 말 → '나는 책을 본다'에서 주어는 '나(는)'
❷ 술어란? 주어의 움직임, 상태, 성질 등을 설명해 주는 말 → '나는 책을 본다'에서 술어는 '본다'
❸ 목적어란? 문장에서 동작의 대상이 되는 말 → '나는 책을 본다'에서 목적어는 '책(을)'
❹ 중국어는 문장을 마칠 때, 마지막에 반드시 문장부호 ' . '로 표시해요.

★ 중국어의 특징 포인트 (둘)

중국어는 인칭이나 시제, 성(性), 수(数), 격 등에 따른 형태의 변화가 없어요. 주어가 3인칭이든 복수이든 술어의 형태 변화가 없고 '~가, ~를' 등의 조사도 없어요. 단어만 정해진 순서대로 배열하면 OK!

타   칸   워
他   看   我。   그는 나를 봐요.
Tā   kàn wǒ.
주어 + 술어 + 목적어

타 먼 허   챠
她们 喝   茶。   그녀들은 차를 마셔요.
Tāmen hē chá.
주어 + 술어 + 목적어

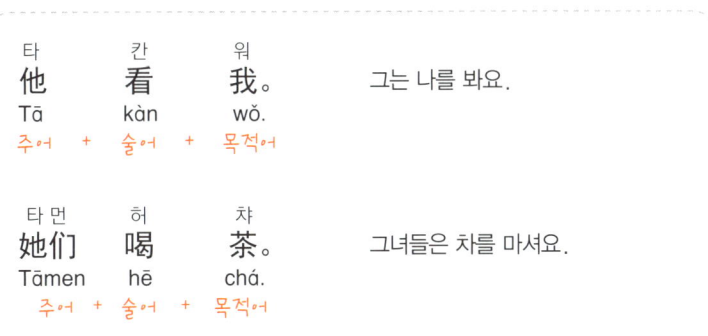

 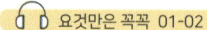 

어법 3. 제3성의 성조변화

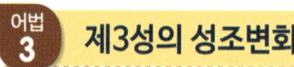

你 好!
Nǐ hǎo!
니 하오

안녕하세요!

★ 제3성 포인트 하나 – '3성 + 3성'

'니 하오 Nǐ hǎo'처럼 '3성+3성'으로 이루어진 두 음절을 연속해서 발음하는 것이 쉽지 않기 때문에 두 개의 3성이 연이어 나올 경우, 앞에 나오는 3성은 '제2성'으로 읽어줘요.

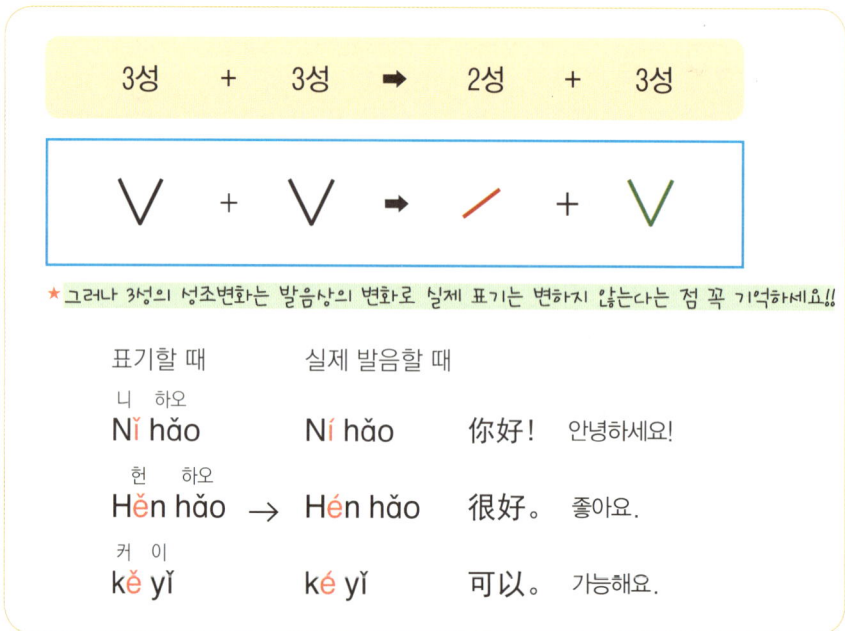

 그러나 3성의 성조변화는 발음상의 변화로 실제 표기는 변하지 않는다는 점 꼭 기억하세요!!

★ 제3성 포인트 둘 – '3성 + 1, 2, 4, 경성'

제3성이 3성을 제외한 나머지 성조들과 결합할 때는 3성을 '반3성'으로 발음해요. '반3성'은 아래로 내려갔다가 살짝 올려주는 3성 발음에서 앞부분의 내려가는 부분까지만 발음하는 것을 말해요.

| 3성 + 1, 2, 4, 경성 ➡ 반3성 + 1, 2, 4, 경성 |

3성 + 1성	라오 스 lǎo shī	老师	선생님
	하오 츠 hǎo chī	好吃	맛있다
3성 + 2성	칭 두 qǐng dú	请读	읽으세요!
	차오 메이 cǎo méi	草莓	딸기
3성 + 4성	하오 칸 hǎo kàn	好看	예쁘다
	커 러 kě lè	可乐	콜라
3성 + 경성	나이 나이 nǎi nai	奶奶	할머니
	지에 지에 jiě jie	姐姐	누나(언니)

★ 붉은색 점선 표시는 발음하지 않아요.

어법 4 4성에서 2성으로 변하는 '不 bù'의 성조변화

부 커 치
不 客 气!
Bú kè qi!   천만에요!

'不 bù'는 동사, 형용사 등의 술어 앞에 놓여 '아니다, ~(하)지 않는다'의 부정을 나타내요. 이때 부정을 나타내는 '不'는 원래 4성 'bù'이나 뒤에 나오는 음절의 성조가 4성일 경우에는 2성 'bú'로 변하고 성조 표기도 바뀐 2성으로 표기해요.

부 칸
bú kàn   不看 안 본다.

뿌 마이
bù mǎi   不买 안 산다.

부 커 치
bú kè qi 不客气 천만에요!

뿌 하오
bù hǎo   不好 좋지 않다.

★ 뒤 음절이 4성이 아닐 때는 不의 원래 성조 4성 그대로 표기하고 약간은 강하게 발음해요.

unit 01 你好! Nǐ hǎo! 35

중국인 발음 따라잡기

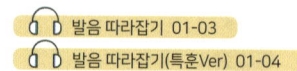

 녹음을 듣고 성조변화에 주의하여 읽어보세요.

▶ 3성의 성조변화

3성+1성	lǎoshī	hěn gāo
3성+2성	qǐng dú	Fǎguó
3성+3성	měihǎo	lǐjiě
3성+4성	kěshì	hǎokàn
3성+경성	hǎo le	nǎinai

▶ '不'의 성조변화

不 bù + 1성	bù duō	bù kū
不 bù + 2성	bù máng	bù néng
不 bù + 3성	bù hǎo	bù xiǎo
不 bú + 4성	bú dàn	bú jìn

 다음 문장을 성조변화에 주의하여 읽어보세요.

① Wǒ xiǎng tā, tā xiǎng wǒ.

我想他，他想我。
나는 그를 생각하고, 그는 나를 생각한다.

② Bú dà bù xiǎo.

不大不小。
크지도 작지도 않다.

③ Xiǎomíng hē kělè, Xiǎomín hē jiǔ.

小明喝可乐，小民喝酒。
샤오밍은 콜라를 마시고, 샤오민은 술을 마신다.

실전처럼 술술~

🎧 실전처럼 술술 01-05

Speaking

01 보기와 같이 단어와 문형을 연습하세요.

| 보기 |

他 tā

他来。 Tā lái.
他买。 Tā mǎi.
他吃饭。 Tā chī fàn.

① 他们 tāmen 그들
② 她 tā 그녀
③ 我 wǒ 나
④ 我们 wǒmen 우리

02 보기와 같이 서로 인사를 나눠보세요.

| 보기 |

你 nǐ

你好! Nǐ hǎo!
你早! Nǐ zǎo!

① 您 nín 당신
② 爸爸 bàba 아빠(아버지)
③ 大家 dàjiā 여러분(모두)
④ 老师 lǎoshī 선생님, 교사
⑤ 妈妈 māma 엄마(어머니)

풀이노트 01

他 tā 그	他来。Tā lái.	그는 와요.
	他买。Tā mǎi.	그는 사요.
	他吃饭。Tā chī fàn.	그는 밥을 먹어요.

① 他们来。Tāmen lái.   그들은 와요.
  他们买。Tāmen mǎi. 그들은 사요.
  他们吃饭。Tāmen chī fàn. 그들은 밥을 먹어요.

② 她来。Tā lái.   그녀는 와요.
  她买。Tā mǎi.   그녀는 사요.
  她吃饭。Tā chī fàn. 그녀는 밥을 먹어요.

③ 我来。Wǒ lái.   나는 와요.
  我买。Wǒ mǎi.   나는 사요.
  我吃饭。Wǒ chī fàn. 나는 밥을 먹어요.

④ 我们来。Wǒmen lái. 우리들은 와요.
  我们买。Wǒmen mǎi. 우리들은 사요.
  我们吃饭。Wǒmen chī fàn. 우리들은 밥을 먹어요.

- 来 ⑧ 오다 lái
- 买 ⑧ 사다 mǎi
- 吃 ⑧ 먹다 chī
- 饭 ⑨ 밥 fàn

풀이노트 02

你 nǐ 당신	你好！Nǐ hǎo!	안녕하세요!
	你早！Nǐ zǎo!	좋은 아침입니다!

① 您好！Nín hǎo!   안녕하세요! (존칭)
  您早！Nín zǎo!   좋은 아침입니다! (존칭)

② 爸爸好！Bàba hǎo! 아빠 안녕!
  爸爸早！Bàba zǎo! 아빠 좋은 아침이에요!

③ 大家好！Dàjiā hǎo! 여러분 안녕하세요!
  大家早！Dàjiā zǎo! 여러분 좋은 아침이에요!

④ 老师好！Lǎoshī hǎo! 선생님 안녕하세요!
  老师早！Lǎoshī zǎo! 선생님 좋은 아침이에요!

⑤ 妈妈好！Māma hǎo! 엄마 안녕!
  妈妈早！Māma zǎo! 엄마 좋은 아침이에요!

- 早 zǎo
  ⑨ ⑧ 아침, 이르다, 안녕하세요(아침 인사)
  단독으로 '早 zǎo' 혹은 '주어 + 早 zǎo'는 아침인사를 나타내요.
- 爸爸 ⑨ 아빠, 아버지 bàba
- 大家 ⑨ 여러분(모두) dàjiā
- 老师 ⑨ 선생님, 교사 lǎoshī
- 妈妈 ⑨ 엄마, 어머니 māma

회화실력 쑥쑥~

🎧 천천히 읽기 01-08
🎧 빠르게 읽기 01-09
🎧 따라 읽기 01-10

Conversation

老师 Lǎoshī
니 하오
你好!
Nǐ hǎo!

民国 Mínguó
닌 하오
您好!
Nín hǎo!

小东 Xiǎodōng
시에 시에
谢谢!
Xièxie!

民国 Mínguó
부 커 치
不客气!
Bú kèqi!

小东 Xiǎodōng
뚜에이 부 치
对不起!
Duìbuqǐ!

民国 Mínguó
메이 꽌 시
没关系!
Méi guānxi!

小东 Xiǎodōng
짜이 지엔
再见!
Zàijiàn!

民国 Mínguó
짜이 지엔
再见!
Zàijiàn!

🎧 한국어를 중국어로 01-11

선생님	안녕!
민국	안녕하세요!
샤오동	고마워요!
민국	천만에요!
샤오동	미안해요!
민국	괜찮아요!
샤오동	잘 가요!
민국	잘 가요!

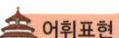 어휘표현

🎧 어휘 표현 01-07

你 [nǐ] 때 너, 당신
谢谢 [xièxie] 감사합니다
不客气 [bú kèqi] 천만에요, 별말씀을요
没关系 [méi guānxi] 문제 없다, 괜찮다
老师 [lǎoshī] 명 선생님

好 [hǎo] 형 좋다, 안녕하다
不 [bù] 튀 아니다, ~(하)지 않다

小东 [Xiǎodōng] 인명 샤오동

您 [nín] 때 당신(你의 존칭어)
客气 [kèqi] 형 공손하다 동 사양하다
对不起 [duìbuqǐ] 동 미안합니다
再见 [zàijiàn] 안녕히 가세요(계세요)
民国 [Mínguó] 인명 민국

01 감사, 사과표현

'谢谢 xièxie'는 감사표현으로 본문처럼 단독으로 쓰거나 또는 뒤에 감사의 대상을 붙여 말할 수 있어요.

시에 시에 니
谢谢**你**! Xièxie nǐ!   당신 고마워요!

시에 시에 라오 스
谢谢**老师**! Xièxie lǎoshī!   선생님 감사합니다!

'对不起 duìbuqǐ 미안합니다'라고 사과할 때는 '没关系 méi guānxi' 외에도 '没事 méi shì'로 대답할 수 있어요. '没事 méi shì'를 한자 그대로 해석하면 '没 méi 없다, 事 shì 일', 즉 '일 없다'로 해석되지만 '일 없다'라는 의미가 아니라 '괜찮다'라는 뜻임을 꼭 기억하세요!

뚜에이 부 치
A : **对不起**! Duìbuqǐ!   미안해요!

메이 스 메이 스
B : **没事没事**! Méishì méishì!   괜찮아요! 괜찮아요!

★ 중국인들의 언어습관 중 그 의미를 더욱 강조하기 위해 'méishì méishì'처럼 여러 번 반복해서 말하는 습관이 있어요.

02 헤어질 때 인사표현

'再见 Zài jiàn'은 헤어질 때 하는 인사표현입니다. '再 zài'는 '다시', '见 jiàn'은 '만나다'의 뜻으로 '다음에 만나자'라는 의미를 나타내요.
이 외에도 영어 'Bye-Bye'의 음역인 '拜拜 Bài bai!(Bái bai!)'와 '내일 보자'의 '明天见 Míngtiān jiàn' 등의 표현이 있어요.

빠이 빠이
拜拜! Bài bai!(Bái bai!)   Bye-Bye!

밍 티엔 지엔
明天见! Míngtiān jiàn   내일 봐요!

 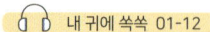 

내 귀에 쏙쏙~

 녹음을 듣고 녹음 내용과 일치하는 그림을 고르세요.

①

②

③

 다음 A, B 중 녹음과 일치하는 발음을 고르세요.

① A diù    B duì

② A bú dà  B bù dà

③ A měihǎo   B mèihǎo

① 老师好!　　선생님 안녕하세요!
　Lǎoshī hǎo!

② 不客气!　　천만에요!
　Bú kèqi!

③ 对不起!　　미안해요!
　Duìbuqǐ!

정답: ① B　② A　③ A

① **A** diǔ*　　　　　**B** duì*　　✓

② **A** bú dà　✓　　**B** bù dà

③ **A** měihǎo　✓　　**B** mèihǎo

★ 운모 'iou'는 앞에 성모가 오면 가운데 'o'가 생략되어 표기해요.
운모 'uei'도 앞에 성모가 오면 가운데 e가 생략돼요.

정답: ① B duì　② A bú dà　③ A měihǎo

unit 01　你好! Nǐ hǎo!　43

쓰기 1 빈칸에 들어갈 알맞은 단어를 보기에서 고르세요.

보기
A 她 tā   B 喝 hē   C 老师 lǎoshī
D 他 tā   E 吃 chī

① _____ 好! 선생님 안녕하세요!
　　_____ hǎo!

② _____ 来。 그녀는 와요.
　　_____ lái.

③ 我 _____ 茶。 나는 차를 마셔요.
　 Wǒ _____ chá.

쓰기 2 주어진 단어를 배열하여 완전한 문장을 만드세요.

① 他　我　看
　 tā　wǒ　kàn

_____。 그는 나를 봐요.

② 好　你们
　 hǎo　nǐmen

_____! 너희들 안녕!

③ 爱　你　我
　 ài　nǐ　wǒ

_____。 나는 당신을 사랑해요.

풀이노트 01

| 보기 |

- A 她 tā
- B 喝 hē
- C 老师 lǎoshī
- D 他 tā
- E 吃 chī

① 老师好!　선생님 안녕하세요!
　Lǎoshī hǎo!

② 她来。　그녀는 와요.
　Tā lái.

③ 我喝茶。　나는 차를 마셔요.
　Wǒ hē chá.

풀이노트 02

① 他看我。　그는 나를 봐요.
　Tā kàn wǒ.

② 你们好!　너희들 안녕!
　Nǐmen hǎo!

③ 我爱你。　나는 당신을 사랑해요.
　Wǒ ài nǐ.

  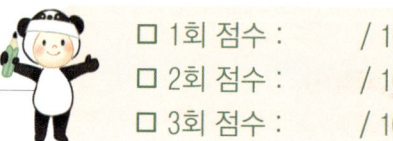

 01 녹음을 듣고 성조를 표시하세요. (1문제 2.5점)

Test 05

① nin　　② dui　　③ jian　　④ xiao

 02 녹음을 듣고 '不'의 성조변화에 맞게 성조를 표시하세요. (1문제 2.5점)

Test 06

① bu he　　② bu hao　　③ bu kan　　④ bu lei

 03 다음 단어의 빈칸을 채우세요. (1문제 8점)

중국어	병음	뜻
①	nín	당신('너'의 존칭)
② 你们		너희들
③ 再见	zàijiàn	
④ 老师		선생님

04 다음 한국어는 한어병음으로 작문하고, 중국어는 한국어로 해석하세요. (1문제 8점)

① 그는 와요.

▸ _____

② 나는 당신을 사랑해요.

▸ _____

③ 不客气!

▸ _____

④ 大家好!

▸ _____

05 알맞은 대화의 짝을 찾아서 연결하세요. (1문제 4점)

① 谢谢!　　·　　　　　　　　　　　·　没关系!

② 你好!　　·　　　　　　　　　　　·　再见!

③ 对不起!　·　　　　　　　　　　　·　你好!

④ 再见!　　·　　　　　　　　　　　·　不客气!

unit 01 문제 풀이

듣기

01 녹음을 듣고 성조를 표시하세요. (1문제 2.5점)

① nín
② duì
③ jiān
④ xiāo

02 녹음을 듣고 '不'의 성조변화에 맞게 성조를 표시하세요. (1문제 2.5점)

① bu he
② bu hao
③ bu kan
④ bu lei

어휘

03 다음 단어의 빈칸을 채우세요. (1문제 8점)

중국어	병음	뜻
①	nín	당신('너'의 존칭)
② 你们		너희들
③ 再见	zàijiàn	
④ 老师		선생님

01
① nín
② duì
③ jiàn
④ xiǎo

02
① bù hē
② bù hǎo
③ bú kàn
④ bú lèi

03

① 您　　nín　　당신('너'의 존칭)
▶ 이 문제를 틀렸을 경우에는 P.32를 다시 한번 확인 학습해 주세요.

② 你们　nǐmen　너희들
▶ 이 문제를 틀렸을 경우에는 P.32를 다시 한번 확인 학습해 주세요.

③ 再见　zàijiàn　안녕히 가세요
▶ 이 문제를 틀렸을 경우에는 P.40를 다시 한번 확인 학습해 주세요.

④ 老师　lǎoshī　선생님
▶ 이 문제를 틀렸을 경우에는 P.40를 다시 한번 확인 학습해 주세요.

✏️ 쓰기

04 다음 한국어는 한어병음으로 작문하고, 중국어는 한국어로 해석하세요. (1문제 8점)

① 그는 와요.

_____

② 나는 당신을 사랑합니다.

_____

③ 不客气!

_____

④ 大家好!

_____

회화

05 알맞은 대화의 짝을 찾아서 연결하세요. (1문제 4점)

① 谢谢!   ·   · 没关系!
② 你好!   ·   · 再见!
③ 对不起! ·   · 你好!
④ 再见!   ·   · 不客气!

04

① Tā lái. (他来。)
▶ 이 문제를 틀렸을 경우에는 P.38를 다시 한번 확인 학습해 주세요.

② Wǒ ài nǐ. (我爱你。)
▶ 이 문제를 틀렸을 경우에는 P.33를 다시 한번 확인 학습해 주세요.

③ 천만에요! (Bú kèqi!)
▶ 이 문제를 틀렸을 경우에는 P.35를 다시 한번 확인 학습해 주세요.

④ 여러분 안녕하세요! (Dàjiā hǎo!)
▶ 이 문제를 틀렸을 경우에는 P.39를 다시 한번 확인 학습해 주세요.

05

① 谢谢! —————— 没关系!
② 你好! —————— 再见!
③ 对不起! ———— 你好!
④ 再见! —————— 不客气!

① A: 谢谢!   감사합니다!
   B: 不客气!   천만에요!

② A: 你好!   안녕하세요!
   B: 你好!   안녕하세요!

③ A: 对不起!   미안합니다!
   B: 没关系!   괜찮습니다!

④ A: 再见!   잘 가요!
   B: 再见!   잘 가요!

▶ 이 문제를 틀렸을 경우에는 P.40를 다시 한번 확인 학습해 주세요.

티엔티엔 생각펼치기 — 聊一聊

다양한 인사표현 익히기

🎧 생각펼치기 01-13

만났을 때

〈아침 인사〉

早！ 안녕하세요!
Zǎo!

早上好！ 안녕하세요!
Zǎoshang hǎo!

〈오후 인사〉

下午好！ 안녕하세요!
Xiàwǔ hǎo!

〈저녁 인사〉

晚上好！ 안녕하세요!
Wǎnshang hǎo!

晚安！ 안녕히 주무세요!
Wǎn'ān!

〈오랜만에 만났을 때 인사〉

好久不见！ 오랜만이에요!
Hǎo jiǔ bú jiàn!

헤어질 때

明天见！ 내일 봐요!
Míngtiān jiàn!

拜拜！ Bye-bye!
Báibai!

慢走！ 조심해서 가세요!
Mànzǒu!

처음 만났을 때 나누는 인사법!!

중국어를 전혀 배운 적이 없는 사람도 '이 두 마디 정도쯤이야!'라고 당당하게 외치는 그 유명한

'**니 하오** 你 好!'와 '**니 하오마** 你 好 吗?'

그러나 이왕 큰 소리칠 거라면 어느 상황에서 어떻게 쓰는지 제대로 정확하게 알고 아는 척 해야 겠죠?

우리가 흔히 알고 있는 '니 하오마'는 'Hi!', 'Hello'와 같은 일반적인 인사가 아니라 '잘 지내니? 잘 지내십니까?'와 같이 서로 이미 알고 있는 사이에 반갑게 안부를 묻는 표현이에요. 그래서 대답도 '응, 나도 잘 지내!!' 혹은 '그냥 그렇지 뭐…' 등의 대답이 나와야 합니다.
그래서 만약 초면에 '니 하오마'로 인사를 건넨다면 상대방이 살짝 고민에 빠질 수도 있어요.
음…, 내가 이 사람을 언제 만났었지?

그렇다면 처음 보는 사람에게는 어떤 인사말을 건넬까요? 바로 오늘 학습한 '안녕하세요! 니 하오'로 가볍게 인사를 건넬 수 있고, 만약 상대방에게 먼저 인사를 받았다면 여러분도 똑같이 '니 하오'로 대답하면 됩니다. 물론 '니 하오'는 이미 알고 있는 사이에서도 두루두루 쓸 수 있는 인사 표현이에요.

요즘은 우리 주변에서 중국인들을 쉽게 만날 수 있죠?
한국을 찾아온 반가운 중국인들을 보고 한국인의 친절한 면모를 보여주기 위해 인사를 건네고 싶다면 '니 하오마'가 아닌 '니 하오'로 인사하는 거 잊지 마세요!!

unit 02

你好吗?
Nǐ hǎo ma?

〈동영상 강의〉

unit 02

〈오디오 강의〉

unit 2-1   unit 2-2

알아두어야 할 학습 사항

중국어로 안부를 묻고 답하기

☐ 你好吗? Nǐ hǎo ma? 잘 지내세요?

☐ 我很好。 Wǒ hěn hǎo. 저는 잘 지내요.

2시간만에 끝내는 독학 Plan

	학습 항목	학습 시간	학습 체크			학습 메모
1	동영상 강의 또는 오디오 강의	15분	☐1회	☐2회	☐3회	
2	요것만은 꼭꼭 Point (54~55p)	15분	☐1회	☐2회	☐3회	
3	중국인 발음 따라잡기 (56~57p)	15분	☐1회	☐2회	☐3회	
4	실전처럼 술술 Speaking (58~61p)	15분	☐1회	☐2회	☐3회	
5	회화실력 쑥쑥 Conversation (62~63p)	15분	☐1회	☐2회	☐3회	
6	내 귀에 쏙쏙 Listening (64~65p)	15분	☐1회	☐2회	☐3회	
7	손으로 또박또박 Writing (66~67p)	15분	☐1회	☐2회	☐3회	
8	2과 필기시험 (68~71p)	30분	☐50점 미만	☐51~80점	☐81~100점	

50점 미만 unit 전체 1~2회 반복 학습
51점~80점 틀린 부분 다시 학습
81점~100점 다음 unit 진행 OK~!!

 요것만은 꼭꼭~ 　　요것만은 꼭꼭 02-01　

어법 1. 형용사가 술어자리에 오는 '형용사술어문'

> 워 헌 하오
> **我 很 好**。　　　　저는 잘 지내요.
> Wǒ hěn hǎo.

중국어에서 술어자리에 올 수 있는 대표적인 품사가 바로 형용사예요. 형용사는 '예쁘다, 느리다, 깨끗하다' 등 사물의 모습이나 성질을 형용하거나 묘사하는 말을 의미해요. 위의 예문에서 '좋다, 잘 지내다'의 뜻을 가진 형용사 '好 hǎo'가 술어로 쓰였는데 이렇게 형용사가 술어자리에 놓인 문장을 '형용사술어문'이라고 해요.

★ 형용사술어문 포인트

형용사술어문의 긍정형은 형용사 앞에 부사 '很 hěn'을 붙여줘요. 여기서 부사 '很 hěn'은 원래 '매우'라는 뜻이지만 형용사술어문에서 그 의미가 강조될 때를 제외하고는 굳이 해석하지 않아도 된다는 점 기억하세요!

〈긍정형〉　주어　+　**很**　+　술어(형용사)

- □ 很 ❶ 매우, 아주
  hěn
- □ 忙 ❷ 바쁘다
  máng
- □ 累 ❸ 피곤하다
  lèi

> 워 헌 망
> **我 很 忙**。　　저는 바빠요.
> Wǒ hěn máng.
>
> 타 먼 헌 레이
> **他们 很 累**。　그들은 피곤해요.
> Tāmen hěn lèi.

★ 형용사술어문 포인트

형용사술어문의 부정형은 형용사 앞에 부사 '很 hěn'을 없애고 부정을 나타내는 부사 '不 bù'를 붙여줘요.

〈부정형〉　주어　+　**不**　+　술어 (형용사)

> 워 뿌 망
> **我 不 忙**。　　저는 바쁘지 않아요.
> Wǒ bù máng.
>
> 타 먼 부 레이
> **他们 不 累**。　그들은 피곤하지 않아요.
> Tāmen bú lèi.

어법 2 '吗 ma' 의문문

니 하오 마
你 好 吗?
Nǐ hǎo ma?

당신은 잘 지내요?

중국어에서는 '~에요? ~입니까?'에 해당하는 의문조사 '吗 ma'를 문장 맨 끝에 붙이기만 하면 상대방에게 질문하는 의문문을 만들 수 있어요.

주어 + 술어 + (목적어) + 吗?

니 망 마
你 忙 吗?
Nǐ máng ma?
당신은 바빠요?

타 먼 레이 마
他们 累 吗?
Tāmen lèi ma?
그들은 피곤해요?

타 칸 마
他 看 吗?
Tā kàn ma?
그는 봐요?

니 아이 워 마
你 爱 我 吗?
Nǐ ài wǒ ma?
당신은 나를 사랑해요?

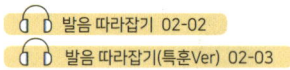

중국인 발음 따라잡기

녹음을 듣고 [기본 운모 + 성모] 결합에 주의하여 읽어보세요.

a o e i u ü			
a	tā 他 그(남자)	dǎ 打 때리다	mà 骂 욕하다
o	bō 波 파도	pò 破 찢어지다, 망가지다	mō 摸 어루만지다
e	hē 喝 마시다	kě 渴 목마르다	dé 得 얻다
i	jī 鸡 닭	chī 吃 먹다	yī 一 숫자 일, 1
u	shū 书 책	dú 读 읽다	wǔ 五 숫자 오, 5
ü	nǚ 女 여자	qù 去 가다	yǔ 雨 비

yě	yòu	wǒ	wéi	yuè	yuǎn
也 역시	又 또	我 나	喂 여보세요	月 달(월)	远 멀다

발음 2 다음 문장을 발음에 주의하여 읽어보세요.

① **Tā hē chá.**

她喝茶。
그녀는 차를 마신다.

② **Mèimei kě, jiějie è.**

妹妹渴，姐姐饿。
여동생은 목마르고, 누나(언니)는 배고프다.

③ **Wǒ yào yǔsǎn.**

我要雨伞。
나는 우산이 필요하다.

실전처럼 술술~

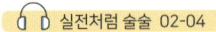 

01 보기와 같이 단어와 문형을 연습하세요.

|보기|

| 好 hǎo | A: 你好吗? Nǐ hǎo ma?
B: 我很好。 Wǒ hěn hǎo. | 我不好。 Wǒ bù hǎo. |

① 忙 máng 바쁘다
② 渴 kě 목마르다
③ 饿 è 배고프다
④ 累 lèi 피곤하다

02 다음 그림을 보고 가족의 안부를 물어보세요.

|보기1|

| 爸爸 bàba | A: 你爸爸好吗? Nǐ bàba hǎo ma?
B: 他很好。 Tā hěn hǎo. |

① 爷爷 yéye 할아버지

② 奶奶 nǎinai 할머니

풀이노트 01

 듣고 말하기 훈련용 02-05

好
hǎo
좋다, 안녕하다

A: 你**好**吗?
　　Nǐ hǎo ma? —— 당신은 잘 지내요?

B: 我很**好**。　　|　　我不**好**。
　　Wǒ hěn hǎo.　　　 Wǒ bù hǎo.
　　저는 잘 지내요.　　 저는 못 지내요.

① A: 你**忙**吗?
　　 Nǐ máng ma? —— 당신은 바빠요?

　 B: 我很**忙**。　|　我不**忙**。　 저는 바빠요. | 저는 바쁘지 않아요.
　　　Wǒ hěn máng.　 Wǒ bù máng.

② A: 你**渴**吗?
　　 Nǐ kě ma? —— 당신은 목말라요?

　 B: 我很**渴**。　|　我不**渴**。　 저는 목말라요. | 저는 목마르지 않아요.
　　　Wǒ hěn kě.　　 Wǒ bù kě.

③ A: 你**饿**吗?
　　 Nǐ è ma? —— 당신은 배고파요?

　 B: 我很**饿**。　|　我不**饿**。　 저는 배고파요. | 저는 배고프지 않아요.
　　　Wǒ hěn è.　　　 Wǒ bú è.

④ A: 你**累**吗?
　　 Nǐ lèi ma? —— 당신은 피곤해요?

　 B: 我很**累**。　|　我不**累**。　 저는 피곤해요. | 저는 피곤하지 않아요.
　　　Wǒ hěn lèi.　　 Wǒ bú lèi.

□ 渴 ⓥ 목마르다, 갈증나다
　 kě

□ 饿 ⓥ 배고프다
　 è

풀이노트 02

爸爸
bàba
아빠, 아버지

A: 你**爸爸**好吗?
　　Nǐ bàba hǎo ma? —— 당신 아빠는 잘 지내요?

B: 他很好。　그는 잘 지내요.
　　Tā hěn hǎo.

① A: 你**爷爷**好吗?　Nǐ yéye hǎo ma?　당신 할아버지는 잘 지내세요?

　 B: 他很好。Tā hěn hǎo.　그(할아버지)는 잘 지내요.

② A: 你**奶奶**好吗?　Nǐ nǎinai hǎo ma?　당신 할머니는 잘 지내세요?

　 B: 她很好。Tā hěn hǎo.　그녀(할머니)는 잘 지내요.

□ 爷爷 ⓥ 할아버지
　 yéye

□ 奶奶 ⓥ 할머니
　 nǎinai

실전처럼 술술~

실전처럼 술술 02-06

03 다음 그림을 보고 가족의 안부를 물어보세요.

보기

爸爸 / 妈妈
bàba / māma

A: 你爸爸、妈妈都好吗?
Nǐ bàba, māma dōu hǎo ma?

B: 他们都很好,你爸爸、妈妈呢?
Tāmen dōu hěn hǎo, nǐ bàba, māma ne?

A: 他们也都很好。
Tāmen yě dōu hěn hǎo.

①

姐姐 jiějie 누나/언니　　哥哥 gēge 형/오빠

②

弟弟 dìdi 남동생　　妹妹 mèimei 여동생

풀이노트 03 🎧 듣고 말하기 훈련용 02-07

爸爸 / 妈妈
bàba / māma
아빠 / 엄마

A: 你爸爸、妈妈都好吗？
   Nǐ bàba, māma dōu hǎo ma?
   당신 아빠, 엄마는 모두 잘 지내요?

B: 他们都很好，你爸爸、妈妈呢？
   Tāmen dōu hěn hǎo, nǐ bàba, māma ne?
   그들은 모두 잘 지내요, 당신 아빠, 엄마는요?

A: 他们也都很好。
   Tāmen yě dōu hěn hǎo.
   그들도 모두 잘 지내요.

① A: 你姐姐、哥哥都好吗？
     Nǐ jiějie, gēge dōu hǎo ma?
     당신 누나(언니), 형(오빠)은 모두 잘 지내요?

  B: 他们都很好，你姐姐、哥哥呢？
     Tāmen dōu hěn hǎo, nǐ jiějie, gēge ne?
     그들은 모두 잘 지내요. 당신 누나(언니)와 형(오빠)은요?

  A: 他们也都很好。
     Tāmen yě dōu hěn hǎo.
     그들도 모두 잘 지내요.

② A: 你弟弟、妹妹都好吗？
     Nǐ dìdi, mèimei dōu hǎo ma?
     당신 남동생, 여동생은 모두 잘 지내요?

  B: 他们都很好，你弟弟、妹妹呢？
     Tāmen dōu hěn hǎo, nǐ dìdi, mèimei ne?
     그들은 모두 잘 지내요, 당신 남동생과 여동생은요?

  A: 他们也都很好。
     Tāmen yě dōu hěn hǎo.
     그들도 모두 잘 지내요.

★ '他们 tāmen'은 '그들'이라는 3인칭 그 (남자) '他 tā'의 복수형이지만 '아빠, 엄마' 등의 남녀를 합친 혼성의 경우에도 '他们 tāmen'을 사용해요.

★ '呢 ne'는 '~는(은)요?'라는 의미로 앞에서 언급한 내용을 다시 상대방에게 되물을 때 사용하는 의문조사예요.

- 都 ⓤ 다, 모두
  dōu
- 呢 ⓒ ~은요?
  ne
- 也 ⓤ ~도, ~또한
  yě

 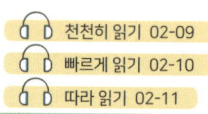 

Conversation

王明 Wáng Míng
니 하오 마
你好吗?
Nǐ hǎo ma?

大韩 Dàhán
워 헌 하오, 니 너
我很好，你呢?
Wǒ hěn hǎo, nǐ ne?

王明 Wáng Míng
워 이에 헌 하오　　니 쟈 런 떠우 하오 마
我也很好，你家人都好吗?
Wǒ yě hěn hǎo, nǐ jiārén dōu hǎo ma?

大韩 Dàhán
타 먼 이에 떠우 헌 하오
他们也都很好。
Tāmen yě dōu hěn hǎo.

한국어를 중국어로 02-12

왕밍　잘 지내세요?
대한　저는 잘 지내요. 당신은요?
왕밍　저도 잘 지내요,
　　　당신 가족들은 모두 잘 계세요?
대한　그들도 모두 잘 계세요.

어휘표현　　어휘 표현 02-08

吗 [ma] 조 ~입니까?
呢 [ne] 조 ~는(요)?
都 [dōu] 부 모두
大韩 [Dàhán] 인명 대한

我 [wǒ] 대 나
也 [yě] 부 ~도, 또한
他们 [tāmen] 대 그들

很 [hěn] 부 매우, 아주
家人 [jiārén] 명 가족
王明 [Wáng Míng] 인명 왕 밍

01 의문조사 '吗 ma'와 '呢 ne'의 차이

둘 다 의문문에 사용되는 의문조사이나 다음과 같은 차이가 있어요.

★ 의문조사 포인트 하나
일반적으로 '~입니까? ~에요?'에 해당하는 의문문은 의문조사 '吗 ma'를 사용해요.
그러나 앞에서 이미 언급한 내용을 다시 상대방에게 되물을 때는 의문조사 '呢 ne'를 사용합니다.

★ 의문조사 포인트 둘
'吗 ma' 의문문은 평서문을 그대로 써 주고 문장 맨 뒤에 '吗 ma'를 사용해요.
'呢 ne' 의문문은 이미 앞에서 언급했으니 완전한 문장 대신 물어보고자 하는 대상 뒤에 '呢 ne'만 붙이면 됩니다.

你爱我吗?   당신은 날 사랑합니까?
Nǐ ài wǒ ma?

我爱你, 你呢?   전 사랑합니다, 당신은요? (= 당신은 날 사랑합니까?)
Wǒ ài nǐ, Nǐ ne?

★ 여기서 '你呢? Nǐ ne?'를 완전한 문장으로 바꾼다면 '你爱我吗? Nǐ ài wǒ ma?'입니다.
그러나 굳이 길게 얘기하고 싶지 않다면 간단하게 줄여서 '대상 + 呢' → '너는? 你呢?'라고 하면 오케이!

02 부사 '也 yě'와 '都 dōu'가 함께 나오면?

'也 yě'는 '~도, ~역시'라는 부사이며, '都 dōu'는 '모두, 다'라는 부사예요.
두 단어 모두 부사로서 '주어 뒤, 술어 앞'에 놓여요.
이 두 단어는 한 문장에 거의 같이 나오는 경우가 많은데 이렇게 이 두개의 부사가 함께 쓰일 경우에는 우리말 해석도 그러하듯 '~도 다(모두), 즉 '也 yě + 都 dōu' 순서로 나온다는 점 잊지 마세요!

他们也都很累。   그들도 모두 피곤해요.
Tāmen yě dōu hěn lèi.

我们也都不喝。   우리도 모두 마시지 않아요.
Wǒmen yě dōu bù hē.

 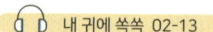 

내 귀에 쏙쏙~

 녹음을 듣고 녹음 내용과 일치하는 그림을 고르세요.

①

②

③

다음 A, B 중 녹음과 일치하는 발음을 고르세요.

① A pú    B fú

② A nǚ    B lǚ

③ A sè    B shè

① A: 你好吗?
　　 Nǐ hǎo ma?

　 B: 我很好。
　　　 Wǒ hěn hǎo.

② A: 你家人都好吗?
　　 Nǐ jiārén dōu hǎo ma?

　 B: 他们都很好。
　　 Tāmen dōu hěn hǎo.

③ A: 你累吗?
　　 Nǐ lèi ma?

　 B: 我很累，你呢?
　　 Wǒ hěn lèi, nǐ ne?

　 A: 我也很累。
　　 Wǒ yě hěn lèi.

정답: ① A　② B　③ A

① A pú　　　　　　　B fú　✓

② A nǚ　✓　　　　　B lǜ

③ A sè　　　　　　　B shè　✓

정답: ① B fú　② A nǚ　③ B shè

 손으로 또박또박~

쓰기 1
빈칸에 들어갈 알맞은 단어를 보기에서 고르세요.

보기
- A 很 hěn
- B 也 yě
- C 好 hǎo
- D 吗 ma
- E 忙 máng

① 我 _____ 累。 나는 피곤해요.
Wǒ _____ lèi.

② 你好 _____ ? 당신은 잘 지내요?
Nǐ hǎo _____ ?

③ 他很 _____ 。 그는 바빠요.
Tā hěn _____ .

쓰기 2
주어진 단어를 어순에 맞게 배열하세요.

① 也 他 好 很
   yě tā hǎo hěn

_____。 그도 잘 지내요.

② 都 你家人 吗 好
   dōu nǐ jiārén ma hǎo

_____? 당신 가족은 모두 잘 지내요?

③ 不 我 累
   bú wǒ lèi

_____。 나는 피곤하지 않아요.

| 보기 |

A 很 hěn   **B** 也 yě   **C** 好 hǎo
D 吗 ma   **E** 忙 máng

① 我很累。　　　나는 피곤해요.
　 Wǒ hěn lèi.

② 你好吗?　　　당신은 잘 지내요?
　 Nǐ hǎo ma?

③ 他很忙。　　　그는 바빠요.
　 Tā hěn máng.

풀이노트 02

① 他也很好。　　　그도 잘 지내요.
　 Tā yě hěn hǎo.

② 你家人都好吗?　　　당신 가족은 모두 잘 지내요?
　 Nǐ jiārén dōu hǎo ma?

③ 我不累。　　　나는 피곤하지 않아요.
　 Wǒ bú lèi.

unit 02 필기시험

 01 녹음을 듣고 성조를 표시하세요. (1문제 2.5점)

Test 07

① wo　　② jia　　③ han　　④ dou

 02 녹음을 듣고 다음 보기 중 해당하는 성모를 골라 써넣으세요. (1문제 2.5점)

Test 08

보기

| b | r | g | m |

① ___én　　② ___ē　　③ ___ù　　④ ___a

03 다음 단어의 빈칸을 채우세요. (1문제 8점)

중국어	병음	뜻
①	tāmen	그들
② 家人		가족
③ 弟弟	dìdi	
④ 呢		~는요?

04 다음 한국어는 한어병음으로 작문하고, 중국어는 한국어로 해석하세요. (1문제 8점)

① 그들은 피곤하지 않아요.

▶ _____

② 나는 배고파요.

▶ _____

③ 我不忙。

▶ _____

④ 他们也都很好。

▶ _____

05 알맞은 대화의 짝을 찾아서 연결하세요. (1문제 4점)

① 他忙吗? · · 我不渴。

② 你渴吗? · · 我也很好。

③ 你爸爸、妈妈都好吗? · · 他们也都很好。

④ 我很好，你呢? · · 他很忙。

unit 02 문제 풀이

🔊 듣기

01 녹음을 듣고 성조를 표시하세요. (1문제 2.5점)

① wo

② jia

③ han

④ dou

02 녹음을 듣고 다음 보기 중 해당하는 성모를 골라 써넣으세요. (1문제 2.5점)

① ___én

② ___ē

③ ___ù

④ ___a

📖 어휘

03 다음 단어의 빈칸을 채우세요. (1문제 8점)

중국어	병음	뜻
①	tāmen	그들
② 家人		가족
③ 弟弟	dìdi	
④ 呢		~는요?

01

① wǒ
② jiā
③ hán
④ dōu

02

① rén
② gē
③ bù
④ ma

03

① 他们   Tāmen   그들
▶ 이 문제를 틀렸을 경우에는 P.62를 다시 한번 확인 학습해 주세요.

② 家人   jiārén   가족
▶ 이 문제를 틀렸을 경우에는 P.62를 다시 한번 확인 학습해 주세요.

③ 弟弟   dìdi   남동생
▶ 이 문제를 틀렸을 경우에는 P.60를 다시 한번 확인 학습해 주세요.

④ 呢   ne   ~는요?
▶ 이 문제를 틀렸을 경우에는 P.60를 다시 한번 확인 학습해 주세요.

✏️ 쓰기

04 다음 한국어는 한어병음으로 작문하고, 중국어는 한국어로 해석하세요.

(1문제 8점)

① 그들은 피곤하지 않아요.
_____

② 나는 배고파요.
_____

③ 我不忙。
_____

④ 他们也都很好。
_____

회화

05 알맞은 대화의 짝을 찾아서 연결하세요.

(1문제 4점)

① 他忙吗?   · ·我不渴。
② 你渴吗?   · ·我也很好。
③ 你爸爸、   · ·他们也都很好。
  妈妈都好吗?
④ 我很好,   · ·他很忙。
  你呢?

04

① Tāmen bú lèi. (他们不累。)
▶ 이 문제를 틀렸을 경우에는 P.54를 다시 한번 확인 학습해 주세요.

② Wǒ hěn è. (我很饿。)
▶ 이 문제를 틀렸을 경우에는 P.59를 다시 한번 확인 학습해 주세요.

③ 나는 바쁘지 않아요. (Wǒ bù máng.)
▶ 이 문제를 틀렸을 경우에는 P.54를 다시 한번 확인 학습해 주세요.

④ 그들도 다 잘 지내요. (Tāmen yě dōu hěn hǎo.)
▶ 이 문제를 틀렸을 경우에는 P.61를 다시 한번 확인 학습해 주세요.

05

① 他忙吗?   我不渴。
② 你渴吗?   我也很好。
③ 你爸爸、妈妈都好吗?   他们也都很好。
④ 我很好,你呢?   他很忙。

① A: 他忙吗?   그는 바빠요?
   B: 他很忙。   그는 바빠요.

② A: 你渴吗?   당신은 목말라요?
   B: 我不渴。   나는 목마르지 않아요.

③ A: 你爸爸、妈妈都好吗?   당신 아버지,어머니는 모두 잘 지내세요?
   B: 他们也都很好。   그들도 모두 잘 지내요.

④ A: 我很好,你呢?   나는 잘 지내요, 당신은요?
   B: 我也很好。   나도 잘 지내요.

▶ 이 문제를 틀렸을 경우에는 P.59, P61를 다시 한번 확인 학습해 주세요.

unit 02 你好吗? Nǐ hǎo ma? 71

티엔티엔 생각펼치기 聊一聊

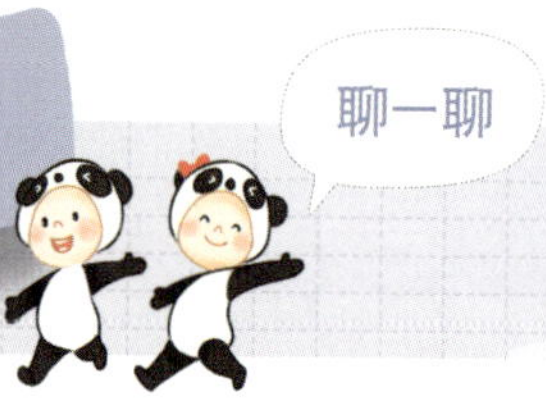

나의 가족 (我的家人 Wǒ de jiārén)

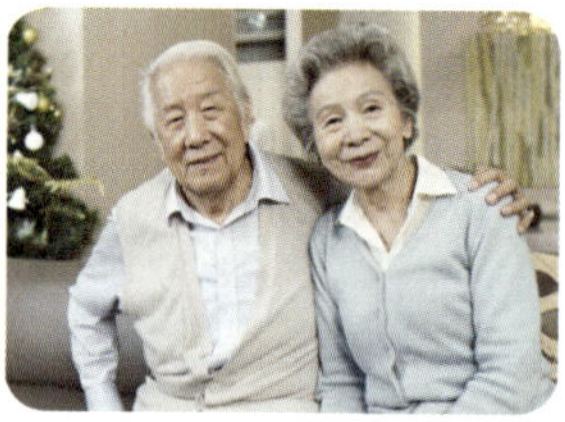

爷爷 yéye 할아버지
奶奶 nǎinai 할머니 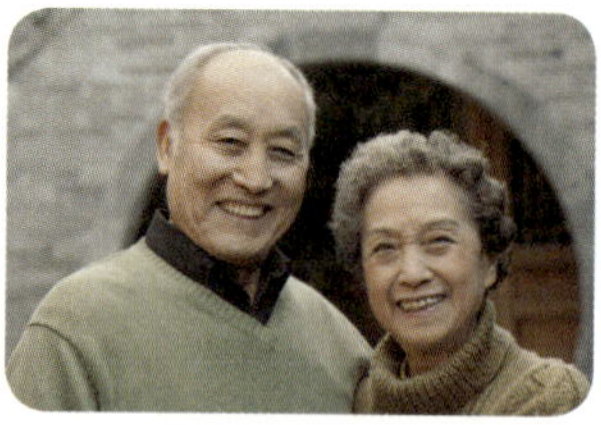
姥爷(外公) lǎoye(wàigōng) 외할아버지
姥姥(外婆) lǎolao(wàipó) 외할머니

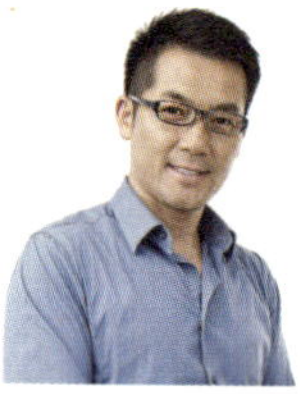

爸爸 bàba 아빠, 아버지 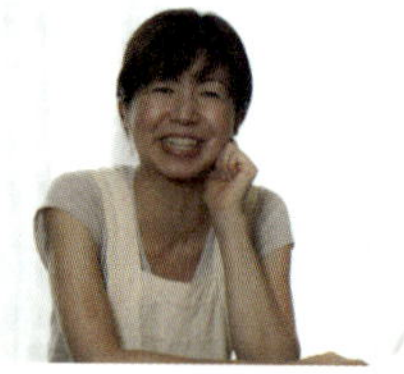
妈妈 māma 엄마, 어머니

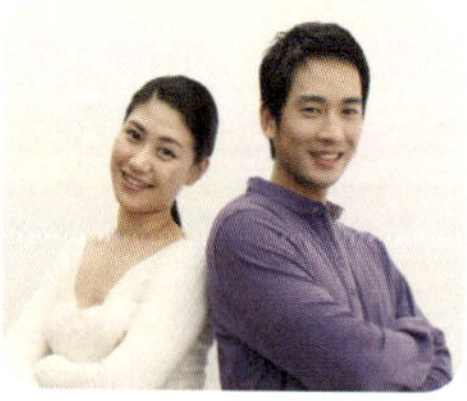

姐姐 / 哥哥 jiějie / gēge 누나(언니) / 형(오빠)
我 wǒ 나 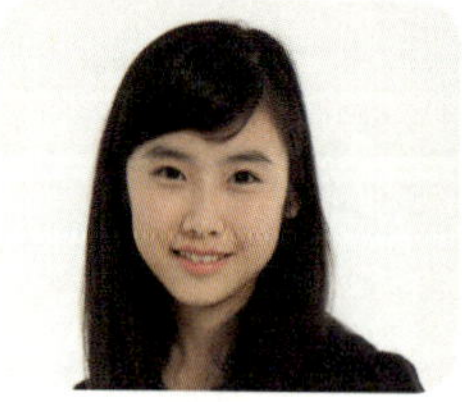
弟弟 / 妹妹 dìdi / mèimei 남동생 / 여동생 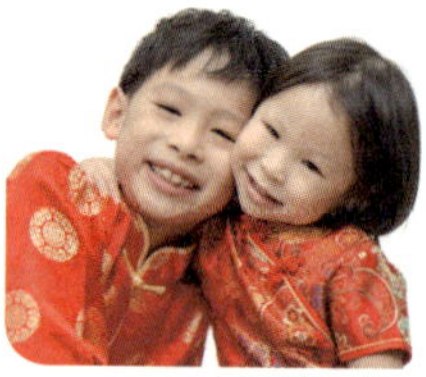

Tip
女儿 nǚ'ér 명 딸　　儿子 érzi 명 아들

중국에서 주눅들지 않고 당당하게 인사하는 법!!

Q 퀴즈 다음 중 중국인들의 인사법이 아닌 것은?

1 웃어른에게 가볍게 목례를 한다.

2 웃어른에게는 반드시 허리를 굽혀 인사해야 한다.

3 선생님에게 손을 머리 위로 들어 인사한다.

4 양손을 가슴 앞으로 모아 인사하는 중국 전통 인사법이 있다.

①, ③, ④ 모두 올바른 중국인의 인사법으로 서로 만났을 때 우리와 비슷하게 손을 흔들거나 악수를 하고 가볍게 목례 등으로 인사를 나눕니다.

정답 : ②

① ② ③ 중국인들은 서로 만났을 때 우리와 비슷하게 손을 흔들거나 악수를 하고, 또는 가볍게 목례 등으로 인사를 나눕니다.

그러나 우리와는 약간의 차이가 나는 인사법도 있어요. 연장자에게 인사를 할 때 반드시 허리를 굽히고 고개를 숙여 인사하지는 않아요. 일반적으로 손을 머리 위로 들어 인사하거나 가볍게 목례를 합니다. 비즈니스상의 자리에서도 가벼운 목례와 악수로도 충분합니다. 국기게양식을 할 때 우리는 오른손을 왼쪽 가슴에 올리지만 중국인들은 오른손을 펴서 머리 위로 들어 올려 예의를 표하는 것도 우리와 다른 인사법 중에 하나입니다.

④ 영화나 중국 전통극에서 자주 볼 수 있는 두 손을 모으고 인사하는 '꽁셔우(拱手)'는 중국의 전통적인 인사로 가슴 높이에서 오른손은 주먹을 쥐고 왼손으로 오른손을 완전히 감싸는 것입니다. 새해에 중국인들은 이 꽁쇼우를 하면서 새해 인사를 나눕니다.

unit 03

你买书吗?
Nǐ mǎi shū ma?

unit 03

〈오디오 강의〉

unit 3-1

unit 3-2

알아두어야 할 학습 사항

중국어로 상대방의 근황 묻기

☐ 你工作忙吗？ Nǐ gōngzuò máng ma? 당신은 일이 바빠요?

2시간만에 끝내는 독학 Plan

	학습 항목	학습 시간	학습 체크			학습 메모
1	동영상 강의 또는 오디오 강의	15분	☐1회	☐2회	☐3회	
2	요것만은 꼭꼭 Point (76~77p)	15분	☐1회	☐2회	☐3회	
3	중국인 발음 따라잡기 (78~79p)	15분	☐1회	☐2회	☐3회	
4	실전처럼 술술 Speaking (80~83p)	15분	☐1회	☐2회	☐3회	
5	회화실력 쑥쑥 Conversation (84~85p)	15분	☐1회	☐2회	☐3회	
6	내 귀에 쏙쏙 Listening (86~87p)	15분	☐1회	☐2회	☐3회	
7	손으로 또박또박 Writing (88~89p)	15분	☐1회	☐2회	☐3회	
8	3과 필기시험 (90~93p)	30분	☐50점 미만	☐51~80점	☐81~100점	

- **50점 미만** unit 전체 1~2회 반복 학습
- **51점~80점** 틀린 부분 다시 학습
- **81점~100점** 다음 unit 진행 OK~!!

 요것만은 꼭꼭~ 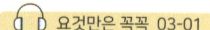 요것만은 꼭꼭 03-01

어법 1 동사가 술어 자리에 오는 동사술어문

워 마이 슈
我 买 书。   저는 책을 사요.
Wǒ mǎi shū.

중국어는 형용사에 이어 동사도 술어가 될 수 있는데요, 여기서 동사란 움직임을 표현하는 '가다, 보다, 먹다' 등의 동작을 나타내는 말이에요.

★동사술어문 포인트 〔하나〕

형용사와 동사의 가장 큰 차이점은 바로, 형용사는 뒤에 목적어가 올 수 없지만 동사는 목적어를 가져올 수 있어요.

□ 书 ⑲ 책
shū

워 헌 망   워 헌 망 타
我很忙。 나는 바쁘다. (O) → 我很忙他。 나는 그를 바쁘다. (X)
★형용사 '바쁘다'는 뒤에 '~을(를)'에 해당하는 목적어는 올 수 없어요.

워 마이   워 마이 슈
我买。 나는 산다. (O) → 我买书。 저는 책을 사요. (O)
Wǒ mǎi.   Wǒ mǎi shū.
★동사 '买(사다 mǎi)'는 '书(책 shū)'라는 목적어를 가져 올 수 있어요.

워   칸   슈
我   看   书。   저는 책을 봐요.
Wǒ   kàn   shū.

★동사술어문 포인트 〔둘〕

동사술어문도 형용사술어문과 같이 문장 끝에 '吗 ma'를 붙여 의문형을 만들고, 동사 앞에 '不 bù'를 붙여 부정을 나타내요.

| | 타 | 츠 | 판 | 마 | |
A: 他 吃 饭 吗?   그는 밥을 먹어요?
Tā chī fàn ma?

타   뿌   츠   판
B: 他 不 吃 饭。   그는 밥을 먹지 않아요.
Tā bù chī fàn.

	니 A: 你 Nǐ	마이 买 mǎi	슈 书 shū	마 吗? ma?	당신은 책을 사요?
	워 B: 我 Wǒ	뿌 不 bù	마이 买 mǎi	슈 书。 shū.	저는 책을 사지 않아요.

어법 2 '주어 + 술어'가 술어자리에 오는 주술술어문

타 션티 헌 하오
他 身体 很 好。   그는 건강이 좋아요.
Tā shēntǐ hěn hǎo.

'그는 건강이 좋아요'라는 문장에서 전체 주어는 '그'이고 술어는 '건강이 좋아요'가 됩니다. 이처럼 술어자리에 '건강이 좋다'라는 또 하나의 '주어(건강이)+술어(좋다)' 구조가 오는 것을 '주술술어문'이라고 해요.

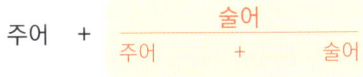

□ 身体 몸, 신체, 건강
　shēntǐ
□ 工作 일(하다)
　gōngzuò

워 션티 헌 하오
我 身体 很 好。   저는 건강이 좋아요.
Wǒ shēntǐ hěn hǎo.

타 꽁쭈오 헌 망
她 工作 很 忙。   그녀는 일이 바빠요.
Tā gōngzuò hěn máng.

주술술어문의 부정형도 술어(형용사) 앞에 '很 hěn'을 없애고 '不 bù'를 붙여주면 됩니다.

타 꽁쭈오 뿌 망
她 工作 不 忙。   그녀는 일이 바쁘지 않아요.
Tā gōngzuò bù máng.

중국인 발음 따라잡기

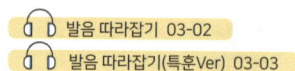

발음 1

녹음을 듣고 [복운모 / 비운모 + 성모] 결합에 주의하여 읽어보세요.

ai ei ao ou

ai	tài 太 너무	mǎi 买 사다
ei	lèi 累 피곤하다	gěi 给 주다
ao	bǎo 饱 배부르다	gāo 高 높다
ou	tóu 头 머리	zǒu 走 걷다

an en ang eng ong

an	tán 谈 이야기하다	zhàn 站 서다
en	zhēn 真 정말로	rén 人 사람
ang	pàng 胖 뚱뚱하다	zāng 脏 더럽다
eng	téng 疼 아프다	lěng 冷 춥다
ong	dǒng 懂 이해하다	sòng 送 보내다

발음 2 다음 문장을 발음에 주의하여 읽어보세요.

① Tā zhēn màn.

他真慢。
그는 정말 느리다.

② Tóu téng, shǒu zāng.

头疼，手脏。
머리는 아프고, 손은 더럽다.

③ Zhōumò kuàilè!

周末快乐！
즐거운 주말 보내세요!

실전처럼 술술~ 실전처럼 술술 03-04 **Speaking**

01 보기와 같이 단어와 문형을 연습하세요.

| 보기 |

买 / 书
mǎi / shū

A: 你买书吗?
　　Nǐ mǎi shū ma?

B: 我买书。(我不买书。)
　　Wǒ mǎi shū. (Wǒ bù mǎi shū.)

①

喝 / 茶
hē / chá
마시다 / 차

A: 她喝茶吗?
　　Tā hē chá ma?

B: _____。

②

吃 / 饭
chī / fàn
먹다 / 밥

A: 你吃饭吗?
　　Nǐ chī fàn ma?

B: _____。

③

学 / 汉语
xué / Hànyǔ
공부하다 / 중국어

A: 你学汉语吗?
　　Nǐ xué Hànyǔ ma?

B: _____。

풀이노트 01 🎧 듣고 말하기 훈련용 03-05

买 / 书
mǎi / shū
사다 / 책

A: 你买书吗？　당신은 책을 사요?
　　Nǐ mǎi shū ma?

B: <mark>我买书</mark>。（我不买书。）　나는 책을 사요.(나는 책을 사지 않아요.)
　　Wǒ mǎi shū. (Wǒ bù mǎi shū.)

① A: 她喝茶吗？
　　　Tā hē chá ma?

　　　그녀는 차를 마셔요?

　　B: <mark>她喝茶</mark>。（她不喝茶。）
　　　Tā hē chá. (Tā bù hē chá.)

　　　그녀는 차를 마셔요. (그녀는 차를 마시지 않아요.)

② A: 你吃饭吗？
　　　Nǐ chī fàn ma?

　　　당신은 밥을 먹어요?

　　B: <mark>我吃饭</mark>。（我不吃饭。）
　　　Wǒ chī fàn. (Wǒ bù chī fàn.)

　　　나는 밥을 먹어요. (나는 밥을 먹지 않아요.)

③ A: 你学汉语吗？
　　　Nǐ xué Hànyǔ ma?

　　　당신은 중국어를 공부해요?

　　B: <mark>我学汉语</mark>。（我不学汉语。）
　　　Wǒ xué Hànyǔ. (Wǒ bù xué Hànyǔ.)

　　　나는 중국어를 공부해요.(나는 중국어를 공부하지 않아요.)

□ 学 	⑧ 배우다, 학습하다
　xué

□ 汉语 	⑱ 중국어
　Hànyǔ

실전처럼 술술~

🎧 실전처럼 술술 03-06

Speaking

02 보기와 같이 단어와 문형을 연습하세요.

> 보기
>
> 身体 / 好
> shēntǐ / hǎo
>
> A: 你身体好吗?
> 　Nǐ shēntǐ hǎo ma?
>
> B: 我身体很好。(我身体不好。)
> 　Wǒ shēntǐ hěn hǎo.　Wǒ shēntǐ bù hǎo.

①

工作/忙
gōngzuò / máng
일 / 바쁘다

A: 你工作忙吗?
　Nǐ gōngzuò máng ma?

B: _____。

②

个子 / 高
gèzi / gāo
키 / 높다(크다)

A: 他个子高吗?
　Tā gèzi gāo ma?

B: _____。

③

学习 / 好
xuéxí / hǎo
공부하다 / 좋다, 잘하다

A: 你学习好吗?
　Nǐ xuéxí hǎo ma?

B: _____。

풀이노트 02 🎧 듣고 말하기 훈련용 03-07

身体 / 好
shēntǐ / hǎo
건강 / 좋다

A: 你身体好吗? 당신은 건강이 좋아요? (건강해요?)
　　Nǐ shēntǐ hǎo ma?

B: 我身体很好。(我身体不好。) 나는 건강이 좋아요.
　　Wǒ shēntǐ hěn hǎo. Wǒ shēntǐ bù hǎo. (나는 건강이 좋지 않아요.)

① A: 你工作忙吗?
　　　Nǐ gōngzuò máng ma?
　　　당신은 일이 바빠요?

　B: 我工作很忙。(我工作不忙。)
　　　Wǒ gōngzuò hěn máng. (Wǒ gōngzuò bù máng.)
　　　나는 일이 바빠요. (나는 일이 바쁘지 않아요.)

② A: 他个子高吗?
　　　Tā gèzi gāo ma?
　　　그는 키가 커요?

　B: 他个子很高。(他个子不高。)
　　　Tā gèzi hěn gāo. (Tā gèzi bù gāo.)
　　　그는 키가 커요. (그는 키가 크지 않아요.)

③ A: 你学习好吗?
　　　Nǐ xuéxí hǎo ma?
　　　당신은 공부 잘 해요?

　B: 我学习很好。(我学习不好。)
　　　Wǒ xuéxí hěn hǎo. (Wǒ xuéxí bù hǎo.)
　　　나는 공부 잘 해요. (나는 공부 잘 못해요.)

□ 个子 명 키
　gèzi

□ 高 형 높다
　gāo

□ 学习 명동 공부(하다),
　xuéxí 　학습(하다), 배우다

 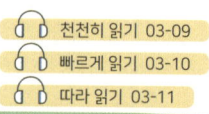 

美娜 Měinà	니 마이 슈 마 你买书吗？ Nǐ mǎi shū ma?	
大韩 Dàhán	워 마이 슈 니 너 我买书，你呢？ Wǒ mǎi shū, nǐ ne?	
美娜 Měinà	워 뿌 마이 슈 我不买书。 Wǒ bù mǎi shū.	
大韩 Dàhán	니 꽁 쭈오 망 마 你工作忙吗？ Nǐ gōngzuò máng ma?	
美娜 Měinà	워 꽁 쭈오 뿌 망 我工作不忙。 Wǒ gōngzuò bù máng.	
大韩 Dàhán	니 빠바 션 티 하오 마 你爸爸身体好吗？ Nǐ bàba shēntǐ hǎo ma?	
美娜 Měinà	타 션 티 헌 하오 他身体很好。 Tā shēntǐ hěn hǎo.	

🎧 한국어를 중국어로 03-12

미나	당신은 책을 사요?
대한	저는 책을 사요, 당신은요?
미나	저는 책을 사지 않아요.
대한	당신은 일이 바빠요?
미나	저는 일이 바쁘지 않아요.
대한	당신 아버지는 건강이 좋아요?
미나	그는 건강이 좋아요.

어휘표현

🎧 어휘 표현 03-08

买 [mǎi] 동 사다
忙 [máng] 형 바쁘다
他 [tā] 대 그(남자)

书 [shū] 명 책
爸爸 [bàba] 명 아빠, 아버지
美娜 [Měinà] 인명 미나

工作 [gōngzuò] 명·동 일(하다)
身体 [shēntǐ] 명 몸, 신체, 건강

01 중국의 간체자

1960년대 이후, 현재 중국에서 쓰고 있는 한자는 우리나라에서 쓰는 복잡한 한자(번체자)와는 달리 기존의 복잡한 글자를 간단하게 바꾼 한자를 쓰고 있어요. 이를 '간체자(简体字)' 혹은 '간화자(简化字)'라고 해요.

간체자의 특징은 우리나라, 대만, 홍콩 등에서 사용하고 있는 중국의 정체자가 획수가 많고 비교적 복잡하기 때문에 사용하는데 어려움이 있음을 인식하고, 일부 글자의 복잡한 획수를 간단하게 줄여서 쓰기 편하고 쉽게 외울 수 있도록 고친 글자예요.

한자의 간회 방법으로는;
① 자형의 일부만 남기는 경우
　　习　---　習(익힐 습)　　开　---　開(열 개)
② 자형의 일부를 변화시키는 경우
　　妇　---　婦(며느리 부)
③ 번체자의 특징적인 부분과 윤곽만 남기는 경우
　　飞　---　飛(날 비)
④ 변과 방을 간략화 하는 경우
　　对　---　對(대할 대)

이 외에도 여러 가지 다양한 간화 방법을 통해 간체자가 창안되었어요.

기존 번체자 문화권의 경우 새롭게 한자를 익혀야 한다는 부담이 있지만 간체자라는 것도 이러한 번체자를 기본으로 간략화 한 것이기 때문에 이미 번체자 체계에 익숙한 우리나라 사람들이라고 해도 약간의 훈련과 연습을 통해 쉽게 학습할 수 있어요.

간체자	번체자	간체자	번체자
讠	言	见	見
车	車	贝	貝
长	長	钅	金
页	頁	门	門
飞	飛	风	風
马	馬	鱼	魚
鸟	鳥	麦	麥
黄	黃	龙	龍
龟	龜	丰	豐

 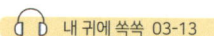 

내 귀에 쏙쏙~

 녹음을 듣고 녹음 내용과 일치하는 그림을 고르세요.

①

②

③

녹음을 듣고 알맞은 성모와 운모를 연결하고 성조를 표시하세요.

① sh •　　　　　　　　• ei

② d •　　　　　　　　• ang

③ p •　　　　　　　　• ong

86 티엔티엔 중국어 독학 첫걸음

풀이 노트 01

① A: 你喝茶吗？   당신은 차를 마셔요?
　　 Nǐ hē chá ma?

　　B: 我喝茶。   나는 차를 마셔요.
　　 Wǒ hē chá.

② A: 你工作忙吗？   당신은 일이 바빠요?
　　 Nǐ gōngzuò máng ma?

　　B: 我工作不忙。   나는 일이 바쁘지 않아요.
　　 Wǒ gōngzuò bù máng.

③ A: 她吃饭吗？   그녀는 밥을 먹어요?
　　 Tā chī fàn ma?

　　B: 她吃饭。   그녀는 밥을 먹어요.
　　 Tā chī fàn.

정답 : ① B　② B　③ A

풀이 노트 02

① sh ———————— ei

② d ·　　　· ang

③ p ·　　　· ong

정답 : ① shéi　② dǒng　③ pàng

unit 03 你买书吗？ Nǐ mǎi shū ma?

쓰기 1 빈칸에 들어갈 알맞은 단어를 보기에서 고르세요.

보기
- A 学 xué
- B 工作 gōngzuò
- C 不 bù
- D 买 mǎi
- E 身体 shēntǐ

① 他 _____ 很忙。 그는 일이 바빠요.
Tā _____ hěn máng.

② 我 _____ 书。 나는 책을 사요.
Wǒ _____ shū.

③ 你爸爸 _____ 好吗? 당신 아버지 건강은 좋아요? (당신 아버지는 건강해요?)
Nǐ bàba _____ hǎo ma?

쓰기 2 주어진 단어를 어순에 맞게 배열하세요.

① 书 我 不 买
shū wǒ bù mǎi

_____。 나는 책을 사지 않아요.

② 他 忙 很 工作
tā máng hěn gōngzuò

_____。 그는 일이 바빠요.

③ 吗 身体 好 他
ma shēntǐ hǎo tā

_____? 그는 건강이 좋아요?

풀이노트 01

| 보기 |

- A 学 xué
- B 工作 gōngzuò
- C 不 bù
- D 买 mǎi
- E 身体 shēntǐ

① 他工作很忙。 그는 일이 바빠요.
　Tā gōngzuò hěn máng.

② 我买书。 나는 책을 사요.
　Wǒ mǎi shū.

③ 你爸爸身体好吗？ 당신 아버지 건강은 좋아요? (당신 아버지는 건강해요?)
　Nǐ bàba shēntǐ hǎo ma?

풀이노트 02

① 我不买书。 나는 책을 사지 않아요.
　Wǒ bù mǎi shū.

② 他工作很忙。 그는 일이 바빠요.
　Tā gōngzuò hěn máng.

③ 他身体好吗？ 그는 건강이 좋아요?
　Tā shēntǐ hǎo ma?

unit 03 필기시험

 제한 시간 30분

☐ 1회 점수 :   / 100
☐ 2회 점수 :   / 100
☐ 3회 점수 :   / 100

▶반복 재시험은 CD안의 재시험용 PDF 파일을 활용하세요~

 01 녹음을 듣고 성조를 표시하세요. (1문제 2.5점)

Test 09

① fan   ② gao   ③ yu   ④ shen

 02 녹음을 듣고 다음 보기 중 해당하는 성모와 운모를 골라 써넣으세요. (1문제 2.5점)

Test 10

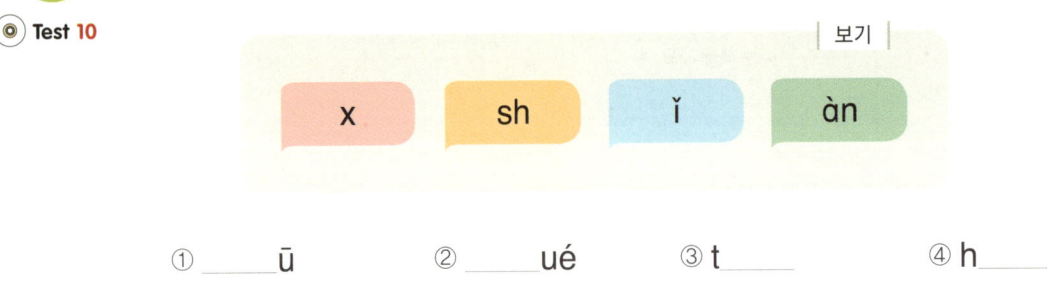

① ____ū   ② ____ué   ③ t____   ④ h____

03 다음 단어의 빈칸을 채우세요. (1문제 8점)

중국어	병음	뜻
① 爸爸		아버지
② 书	shū	
③ 身体		건강, 신체
④	mǎi	사다

04 다음 한국어는 한어병음으로 작문하고, 중국어는 한국어로 해석하세요. (1문제 8점)

① 나는 책을 사지 않아요.

▶ _____

② 그는 밥을 먹어요.

▶ _____

③ 她工作很忙。

▶ _____

④ 他喝茶吗？

▶ _____

05 알맞은 대화의 짝을 찾아서 연결하세요. (1문제 4점)

① 我买书，你呢？　·　　　　　　· 他身体很好。

② 你爸爸身体好吗？·　　　　　　· 我不买书。

③ 他个子高吗？　·　　　　　　· 我工作不忙。

④ 你工作忙吗？　·　　　　　　· 他个子很高。

unit 03 문제 풀이

듣기

01 녹음을 듣고 성조를 표시하세요. (1문제 2.5점)

① fan

② gao

③ yu

④ shen

02 녹음을 듣고 다음 보기 중 해당하는 성모와 운모를 골라 써넣으세요. (1문제 2.5점)

① ____ū

② ____ué

③ t____

④ h____

어휘

03 다음 단어의 빈칸을 채우세요. (1문제 8점)

중국어	병음	뜻
① 爸爸		아버지
② 书	shū	
③ 身体		건강,신체
④	mǎi	사다

01

① fàn
② gāo
③ yǔ
④ shēn

02

① shū
② xué
③ tǐ
④ hàn

03

① 爸爸　　bàba　　아버지
　▶ 이 문제를 틀렸을 경우에는 P.84를 다시 한번 확인 학습해 주세요.

② 书　　shū　　책
　▶ 이 문제를 틀렸을 경우에는 P.76를 다시 한번 확인 학습해 주세요.

③ 身体　　shēntǐ　　건강, 신체
　▶ 이 문제를 틀렸을 경우에는 P.77를 다시 한번 확인 학습해 주세요.

④ 买　　mǎi　　사다
　▶ 이 문제를 틀렸을 경우에는 P.76을 다시 한번 확인 학습해 주세요.

✏️ 쓰기

04 다음 한국어는 한어병음으로 작문하고, 중국어는 한국어로 해석하세요. (1문제 8점)

① 나는 책을 사지 않아요.

② 그는 밥을 먹어요.

③ 她工作很忙。

④ 他喝茶吗?

회화

05 알맞은 대화의 짝을 찾아서 연결하세요. (1문제 4점)

① 我买书,你呢?   ・他身体很好。
② 你爸爸身体好吗? ・我不买书。
③ 他个子高吗?   ・我工作不忙。
④ 你工作忙吗?   ・他个子很高。

04

① Wǒ bù mǎi shū. (我不买书。)
▶ 이 문제를 틀렸을 경우에는 P.80를 다시 한번 확인 학습해 주세요.

② Tā chī fàn. (他吃饭。)
▶ 이 문제를 틀렸을 경우에는 P.76을 다시 한번 확인 학습해 주세요.

③ 그녀는 일이 바빠요. (Tā gōngzuò hěn máng.)
▶ 이 문제를 틀렸을 경우에는 P.77를 다시 한번 확인 학습해 주세요.

④ 그는 차를 마셔요? (Tā hē chá ma?)
▶ 이 문제를 틀렸을 경우에는 P.81를 다시 한번 확인 학습해 주세요.

05

① 我买书,你呢?   ・   ・他身体很好。
② 你爸爸身体好吗? ・   ・我不买书。
③ 他个子高吗?   ・   ・我工作不忙。
④ 你工作忙吗?   ・   ・他个子很高。

① A: 我买书,你呢?   나는 책을 사요, 당신은요?
  B: 我不买书。   나는 책을 사지 않아요.

② A: 你爸爸身体好吗? 당신 아버지 건강은 좋아요?
  B: 他身体很好。   그는 건강이 좋아요.

③ A: 他个子高吗?   그는 키가 커요?
  B: 他个子很高。   그는 키가 커요.

④ A: 你工作忙吗?   당신은 일이 바빠요?
  B: 我工作不忙。   나는 일이 바쁘지 않아요.

▶ 이 문제를 틀렸을 경우에는 P.81, P.83를 다시 한번 확인 학습해 주세요.

티엔티엔 생각펼치기 　聊一聊

나의 물건 (我的东西 Wǒ de dōngxi)

생각펼치기 03-14

手机 shǒujī	**手表** shǒubiǎo	**书包** shūbāo
휴대 전화, 휴대폰	손목시계	책가방

本子 běnzi	**电脑** diànnǎo	**平板电脑** píngbǎn diànnǎo
노트	컴퓨터	태블릿 PC

钱包 qiánbāo	**雨伞** yǔsǎn	**笔** bǐ
지갑	우산	펜

중국에서 이러시면 안돼요!!

'저녁에 휘파람을 불지 않는다', '시험 당일에는 미역국을 먹지 않는다'는 등 우리나라에서도 예로부터 내려오는 미신이나 금기되는 행동들이 많이 있죠! 중국도 우리처럼 이렇게 해서는 안 되는 또는 기피하는 행동들이 있는데 중국에서 생활하게 된다면 반드시 기억하고 주의해야겠죠!

생선은 뒤집어 먹지 않는다

중국인들은 음식을 주문할 때 꼭 빼 놓지 않은 것이 생선요리예요. 또한 생선요리를 먹을 때 제일 높은 사람에게 머리, 그리고 그 다음 사람에게 꼬리를 준다고 하네요. 생선을 먹을 때 반드시 주의할 점은 한 쪽을 먹은 후 뒤집어 먹지 않는다는 것입니다. 그 이유는 생선이 중국어로 '鱼 yú 위'라고 하는데 이는 '넉넉함, 부유함', 즉 복을 나타내는 '余 yú 위'와 발음이 같아서 생선을 뒤집는다면 '복을 뒤집는다', '복을 쫓아낸다'는 의미라고 생각한답니다.

젓가락을 밥에 꽂아서는 안 된다

중국에서는 주로 젓가락을 사용해서 밥을 먹는데, 이때 젓가락을 밥에 절대 꽂아서는 안 된다고 해요. 밥에 젓가락을 꽂는 것은 죽은 사람에게 제사를 지낼 때 하는 행동이기 때문에 미신처럼 금기시한다고 합니다. 이는 제사문화를 공유한 우리나라와도 비슷한 부분이 있네요.

부부나 연인끼리 배를 나눠먹지 않는다

중국에서는 부부나 연인 사이에서는 배를 나눠먹지 않는다고 해요. 배는 중국어로 '梨 lí'라고 하는데 이별을 나타내는 '离 lí'와 발음이 같아 '배를 나눠먹는다(分梨)'는 것은 곧 '이별(分离)'을 의미하기 때문에 부부나 연인 사이에서는 배를 쪼개어 나눠먹지 않는다고 합니다.

unit 04

这是什么?
Zhè shì shénme?

unit 04

unit 4-1　　unit 4-2

이것은 무엇인가요?

알아두어야 할 학습 사항

중국어로 사물 묻고 답하기

☐ 这是什么? Zhè shì shénme? 이것은 무엇인가요?

☐ 这是笔。 Zhè shì bǐ. 이것은 펜이에요.

2시간만에 끝내는 독학 Plan

	학습 항목	학습 시간	학습 체크	학습 메모
1	동영상 강의 또는 오디오 강의	15분	☐1회 ☐2회 ☐3회	
2	요것만은 꼭꼭 Point (98~101p)	15분	☐1회 ☐2회 ☐3회	
3	중국인 발음 따라잡기 (102~103p)	15분	☐1회 ☐2회 ☐3회	
4	실전처럼 술술 Speaking (104~107p)	15분	☐1회 ☐2회 ☐3회	
5	회화실력 쑥쑥 Conversation (108~109p)	15분	☐1회 ☐2회 ☐3회	
6	내 귀에 쏙쏙 Listening (110~111p)	15분	☐1회 ☐2회 ☐3회	
7	손으로 또박또박 Writing (112~113p)	15분	☐1회 ☐2회 ☐3회	
8	4과 필기시험 (114~117p)	30분	☐50점 미만 ☐51~80점 ☐81~100점	

50점 미만 unit 전체 1~2회 반복 학습
51점~80점 틀린 부분 다시 학습
81점~100점 다음 unit 진행 OK~!!

요것만은 꼭꼭~

요것만은 꼭꼭 04-01

Point

어법 1 의문사 의문문과 '무엇'을 나타내는 의문대명사 '什么 shénme'

니 허 션 머
你 喝 什么?
Nǐ hē shénme?

당신은 무엇을 마셔요?

- 什么 때 무엇, 무슨
  shénme
- 咖啡 때 커피
  kāfēi
- 电视 때 TV
  diànshì

의문사 의문문이란 '무엇, 어디, 누구, 언제' 등과 같은 의문사(의문대명사)를 써서 구체적인 내용을 묻는 의문문을 '의문사 의문문'이라고 해요. 그 중 가장 대표적인 의문대명사 '什么 shénme'는 '무엇, 무슨, 어떤'이라는 뜻으로 사물을 물을 때 씁니다. 의문대명사가 있는 의문문의 어순은 평서문과 같으며 문장 끝에 '吗 ma'는 붙이지 않아요.

주어 + 술어 + **什么?**

① A: 你 喝 什么?
　　 Nǐ hē shénme?
당신은 무엇을 마셔요?

　 B: 我 喝 咖啡。
　　 Wǒ hē kāfēi.
저는 커피를 마셔요.

② A: 你 看 什么?
　　 Nǐ kàn shénme?
당신은 무엇을 봐요?

　 B: 我 看 电视。
　　 Wǒ kàn diànshì.
저는 TV를 봐요.

 이 외에도 '누구 谁 shéi, 어디 哪儿 nǎr, 어느 哪 nǎ' 등의 의문대명사가 있어요.

어법 2: '~이다, ~입니다'의 '是 shì'자문

워 스 한 구오 런
我 是 韩国人。　　　저는 한국인이에요.
Wǒ shì Hánguórén.

'是 shì' 자문은 동사 '是 shì'가 술어로 쓰인 문장으로, 'A 是 B'의 형식으로 쓰여 'A는 B이다'의 의미를 나타내요.

| A | 是 | B | A는 B이다 |

- 是 ⑤ ~이다
  shì
- 韩国人 ⑱ 한국인
  Hánguórén
- 学生 ⑱ 학생
  xuésheng

워　　　스　　　한 구오 런
我　　　是　　　韩国人。　　　저는 한국인이에요.
Wǒ　　shì　　Hánguórén.

타　　　스　　　쉬에 셩
他　　　是　　　学生。　　　　그는 학생이에요.
Tā　　 shì　　xuésheng.

동사 '是 shì'의 부정형은 '是 shì' 앞에 '不 bù'를 붙여 '不是 bú shì ~아니다, ~아니에요'로 표현해요.

| A | + | 不是 | + | B | A는 B(이)가 아니다 |

워　　　부 스　　　한 구오 런
我　　　不是　　　韩国人。　　저는 한국인이 아니에요.
Wǒ　　 bú shì　　Hánguórén.

타　　　부 스　　　쉬에 셩
他　　　不是　　　学生。　　　그는 학생이 아니에요.
Tā　　　bú shì　　xuésheng.

★ '不'의 원래 성조는 4성 bù이나 뒤에 나오는 성조가 4성일 경우 2성 bú로 바뀐다는 점 기억하세요!

요것만은 꼭꼭~

요것만은 꼭꼭 04-02

```
       니    스    한 구오 런    마
A: 你   是   韩国人   吗?            당신은 한국인이에요?
   Nǐ   shì  Hánguórén  ma?

       워  부  스   한 구오 런,    (워)  스   쯍 구오 런
B: 我  不  是   韩国人,   (我)  是   中国人。
   Wǒ  bú  shì  Hánguórén, (Wǒ) shì  Zhōngguórén.
   저는 한국인이 아니고, (저는) 중국인이에요.
```

어법 3 '이것, 저것'을 나타내는 지시대명사 '这 zhè, 那 nà'

```
   쪄   스   션 머
   这  是  什么?            이것은 무엇인가요?
   Zhè  shì  shénme?
```

사람, 사물 등을 지칭하는 것을 '지시대명사'라고 하는데, 가까운 '이(사람), 이것'은 '这 zhè', 멀리 떨어져 있는 '저(사람), 저것'은 '那 nà'를 써서 표현해요.

- 中国人 명 중국인
Zhōngguórén
- 这 대 이, 이것
zhè
- 笔 명 펜
bǐ
- 那 대 저, 저것
nà
- 书包 명 책가방
shūbāo

```
        쪄   스   션 머
① A: 这  是  什么?            이것은 무엇인가요?
     Zhè shì shénme?

        쪄   스   비
   B: 这  是  笔。              이것은 펜이에요.
     Zhè shì  bǐ.

        나   스   션 머
② A: 那  是  什么?            저것은 무엇인가요?
     Nà  shì shénme

        나   스   슈 빠오
   B: 那  是  书包。           저것은 책가방이에요.
     Nà  shì  shūbāo.
```

쉬어가는 페이지~

중국의 대표 도시

"중국의 수천 년 역사를 보려면 시안을 보고, 수백 년 역사를 보려면 베이징을 보고, 수십 년 역사를 보려면 상하이를 보라."는 말이 있습니다. 중국의 과거와 현재를 보고 싶다면 다음 세 도시를 꼭 방문해보세요.

◉ 베이징(北京 Běijīng)
중국의 수도이자 정치, 문화의 중심지

천안문(天安门 Tiān'ān Mén)
중화인민공화국을 건립한 마오쩌둥의 초상화가 걸려 있어요.

만리장성(万里长城 Wànlǐ Chángchéng)
북방 민족의 침입을 막기 위해 쌓기 시작하여 오랜 시간에 걸쳐 완성하였어요.

◉ 시안(西安 Xī'ān)
주(周)왕조 이래 중국 역사상 가장 많은 왕조의 수도

병마용(兵马俑 Bīngmǎyǒng)
진시황릉 동쪽에서 발견된 병마용은 하나하나의 자세, 표정, 복장 등이 모두 달라요.

화청지(华清池 Huáqīngchí)
황제들의 온천 휴양지였던 곳으로 당 현종과 양귀비의 고사로 유명해요.

◉ 상하이(上海 Shànghǎi)
경제, 무역, 금융의 중심지

푸동(浦东 Pǔdōng)
개혁 개방 이후 중국 금융의 중심지로 대두되어 동방명주탑 등 고층 건축물들이 늘어서 있어요.

와이탄(外滩 Wàitān)
과거 서양 조계지였던 지역으로 유럽식 건물이 밀집되어 있으며 아름다운 야경으로 유명해요.

 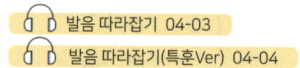

중국인 발음 따라잡기

 녹음을 듣고 [결합운모 + 성모] 결합에 주의하여 읽어보세요.

| ia | ie | iao | ua | uo | uai |

ia	jiā 家 집	xiā 虾 새우	yā 鸭 오리
ie	jié 节 기념일	tiē 贴 붙이다	yè 页 페이지
iao	niǎo 鸟 새	xiào 笑 웃다	yào 要 원하다
ua	zhuā 抓 잡다	huà 画 그림	wā 哇 와!
uo	guó 国 나라	shuō 说 말하다	wǒ 我 나
uai	shuài 帅 잘생기다	guài 怪 이상하다	wài 外 밖

 다음 문장을 발음에 주의하여 읽어보세요.

① Wǒ yào xiā, tā yào yā.

我要虾，他要鸭。
나는 새우를 원하고, 그는 오리를 원하다.

② Wǒ hěn guāi, tā hěn shuài.

我很乖，他很帅。
나는 착하고, 그는 잘생겼다.

③ Xuésheng huà huàr*, lǎoshī shuō huà.

学生画画儿*，老师说话。
학생은 그림을 그리고, 선생님은 말씀을 하신다.

 ★儿[er]얼화 운모

儿화 운모를 만드는 방법은 운모 뒤에 −r를 붙이고, 한자 뒤에 儿를 표기해요.
儿화는 북방지역 사람들의 습관이며 작고 귀여운 것을 나타낼 때 주로 사용해요.

huā(花) + er(儿) → huār(花儿) 꽃

실전처럼 술술~

🎧 실전처럼 술술 04-05

01 보기와 같이 단어와 문형을 연습하세요.

> 보기
>
> 看 / 书
> kàn / shū
>
> A: 你看什么?
>   Nǐ kàn shénme?
>
> B: 我看书。
>   Wǒ kàn shū.

① 吃 chī 먹다

 饭 fàn 밥

 包子 bāozi (찐)만두

 面包 miànbāo 빵

② 喝 hē 마시다

 咖啡 kāfēi 커피

 啤酒 píjiǔ 맥주

 可乐 kělè 콜라

③ 看 kàn 보다

 报 bào 신문

 电视 diànshì TV

 电影 diànyǐng 영화

풀이노트 01 듣고 말하기 훈련용 04-06

看 / 书
kàn / shū
보다 / 책

A: 你看什么? 당신을 무엇을 봐요?
   Nǐ kàn shénme?

B: 我看书。 나는 책을 봐요.
   Wǒ kàn shū.

① A: 你吃什么? 당신은 무엇을 먹어요?
     Nǐ chī shénme?

   B: 我吃饭。 저는 밥을 먹어요.
     Wǒ chī fàn.

     我吃包子。 저는 빠오즈(찐만두)를 먹어요.
     Wǒ chī bāozi.

     我吃面包。 저는 빵을 먹어요.
     Wǒ chī miànbāo.

② A: 你喝什么? 당신은 무엇을 마셔요?
     Nǐ hē shénme?

   B: 我喝咖啡。 나는 커피를 마셔요.
     Wǒ hē kāfēi.

     我喝啤酒。 나는 맥주를 마셔요.
     Wǒ hē píjiǔ.

     我喝可乐。 나는 콜라를 마셔요.
     Wǒ hē kělè.

③ A: 你看什么? 당신은 무엇을 봐요?
     Nǐ kàn shénme?

   B: 我看报。 나는 신문을 봐요.
     Wǒ kàn bào.

     我看电视。 나는 TV를 봐요.
     Wǒ kàn diànshì.

     我看电影。 나는 영화를 봐요.
     Wǒ kàn diànyǐng.

□ 面包 ⓗ 빵
  miànbāo

□ 包子
  bāozi
  ⓗ (찐)만두 - '빠오즈'
  라고 불리는 중국식 만
  두로 찐빵처럼 생겨 안
  에 다양한 소가 들어가
  는 중국대표음식

□ 啤酒 ⓗ 맥주
  píjiǔ

□ 可乐 ⓗ 콜라
  kělè

□ 报 ⓗ 신문
  bào

□ 电影 ⓗ 영화
  diànyǐng

 **실전처럼 술술~** 실전처럼 술술 04-07 Speaking

02 보기와 같이 단어와 문형을 연습하세요.

| 보기 |

电脑
diànnǎo

A: 这是什么？
　　Zhè shì shénme?

B: 这**是电脑**。
　　Zhè shì diànnǎo.

| 보기 |

老师
lǎoshī

A: 她是学生吗？
　　Tā shì xuésheng ma?

B: 她不是学生，她**是老师**。
　　Tā bú shì xuésheng, tā shì lǎoshī.

①
手机 shǒujī
휴대전화

A: 这是什么？
　　Zhè shì shénme?

B: 这_____。
　　Zhè _____.

②
本子 běnzi
노트

A: 那是什么？
　　Nà shì shénme

B: 那_____。
　　Nà _____.

③
韩国人
Hánguórén
한국인

A: 他们是中国人吗？
　　Tāmen shì Zhōngguórén ma?

B: 他们不是中国人，他们_____。
　　Tāmen bú shì Zhōngguórén, Tāmen _____.

풀이노트 02

 듣고 말하기 훈련용 04-08

电脑 diànnǎo 컴퓨터

A: 这是什么? 이것은 무엇인가요?
　　Zhè shì shénme?

B: 这是电脑。 이것은 컴퓨터예요.
　　Zhè shì diànnǎo.

老师 lǎoshī 선생님

A: 她是学生吗? 그녀는 학생이에요?
　　Tā shì xuésheng ma?

B: 她不是学生，她是老师。
　　Tā bú shì xuésheng, tā shì lǎoshī.
　　그녀는 학생이 아니고, 그녀는 선생님이에요.

① A: 这是什么? 이것은 무엇인가요?
　　　Zhè shì shénme?

　　B: 这是手机。 이것은 휴대전화이에요.
　　　Zhè shì shǒujī.

② A: 那是什么? 저것은 무엇이에요?
　　　Nà shì shénme?

　　B: 那是本子。 저것은 노트예요.
　　　Nà shì běnzi.

③ A: 他们是中国人吗? 그들은 중국인이에요?
　　　Tāmen shì Zhōngguórén ma?

　　B: 他们不是中国人，他们是韩国人。
　　　Tāmen bú shì Zhōngguórén, Tāmen shì Hánguórén.
　　　그들은 중국인이 아니고, 그들은 한국인이에요.

□ 电脑 컴퓨터
　 diànnǎo

□ 手机 휴대전화, 휴대폰
　 shǒujī

□ 本子 노트, 공책
　 běnzi

unit 04 这是什么? Zhè shì shénme? 107

🎧 천천히 읽기 04-10
🎧 빠르게 읽기 04-11
🎧 따라 읽기 04-12

小东 Xiǎodōng
쪄 스 션머
这是什么？
Zhè shì shénme?

美珍 Měizhēn
쪄 스 비
这是笔。
Zhè shì bǐ.

小东 Xiǎodōng
나 스 띠엔스 마
那是电视吗？
Nà shì diànshì ma?

美珍 Měizhēn
나 부 스 띠엔스   나 스 띠엔 나오
那不是电视，那是电脑。
Nà bú shì diànshì, nà shì diànnǎo.

小东 Xiǎodōng
니 허 션머
你喝什么？
Nǐ hē shénme?

美珍 Měizhēn
워 허 카페이   니 츠 션머
我喝咖啡。你吃什么？
Wǒ hē kāfēi.   Nǐ chī shénme?

小东 Xiǎodōng
워 츠 미엔 빠오
我吃面包。
Wǒ chī miànbāo.

🎧 한국어를 중국어로 04-13

샤오둥 　이것은 뭐예요?
미진 　이것은 펜이에요.
샤오둥 　저것은 TV예요?
미진 　저것은 TV가 아니고, 컴퓨터예요.
샤오둥 　당신은 무엇을 마셔요?
미진 　저는 커피를 마셔요.
　　　당신은 무엇을 먹나요?
샤오둥 　저는 빵을 먹어요.

어휘표현

🎧 어휘 표현 04-09

这 [zhè] 대 이(것)
笔 [bǐ] 명 펜
电脑 [diànnǎo] 명 컴퓨터
吃 [chī] 동 먹다

是 [shì] 동 ~이다(입니다)
那 [nà] 대 저(것), 그(것)
喝 [hē] 동 마시다
面包 [miànbāo] 명 빵

什么 [shénme] 대 무엇
电视 [diànshì] 명 TV
咖啡 [kāfēi] 명 커피
美珍 [Měizhēn] 인명 미진

01 'Yes, No'의 의미 '是, 不是'

'저것은 TV예요?'라고 질문했을 때 '저것은 TV예요'라고 대답할 수 있지만 간단하게 '네, 아니오'라고 대답할 수 있겠죠! 그럼 '네, 아니오'는 중국어로 어떻게 표현할까요? 바로 동사 '是'가 '네, Yes', '不是'가 '아니오, No'의 뜻을 나타내요.

A: 你是中国人吗?
Nǐ shì Zhōngguórén ma?
당신은 중국인이에요?

B: 不是, 我是韩国人。
Bú shì, Wǒ shì Hánguórén.
아니오, 저는 한국인이에요.

B: 是, 我是中国人。
Shì, Wǒ shì Zhōngguórén.
네, 저는 중국인이에요.

02 중국어 외래어 표현 '띠엔스' 와 '카페이'

중국어로 외래어는 다음 몇 가지 방법으로 표기합니다.

① 음역: 외래어 발음을 그대로 중국어로 바꿉니다.
  카페이 – 커피 – 咖啡 kā fēi
  샤 파 – 소파 – 沙发 shā fā

② 의역: 외래어의 뜻만 빌려 중국어로 바꿉니다.
  휴대전화 – 手机 shǒu jī – 손 기계
  컴퓨터 – 电脑 diàn nǎo – 전기 두뇌
  핫도그 – 热狗 rè gǒu – 뜨거운 개

③ 음역 + 의역: 발음과 뜻을 함께 고려하여 중국어로 바꿉니다. 주로 브랜드명에 활용됩니다.
  커우 커 커우 러 – 코카콜라 – 可口可乐 kě kǒu kě lè
  중국어 해석   마실수록 맛이 좋고 즐겁다

  쟈 러 푸 – 까르푸 – 家乐福 jiā lè fú
  중국어 해석   가정에 즐거움과 행복이 가득하다.

  추 인 추 러 – 처음처럼 – 初饮初乐 chū yǐn chū lè
  중국어 해석   처음 마시는 첫 즐거움

④ 음역 + 종류명: 발음과 종류명을 적절하게 섞어 중국어로 바꿉니다.
  맥주 Beer와 비슷한 발음 '피 pí 啤' + 술을 뜻하는 '지오우 jiǔ 酒', 그래서 맥주는 '피 지오우 pí jiǔ 啤酒'

unit 04 这是什么? Zhè shì shénme?

 내 귀에 쏙쏙~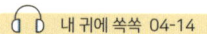

 녹음을 듣고 녹음 내용과 일치하는 그림을 고르세요.

①

②

③

다음 A, B 중 녹음과 일치하는 발음을 고르세요.

① A cī      B chī

② A diàn    B diè

③ A xié      B xué

풀이노트 01

① A: 她(他)吃什么?　그녀(그)는 무엇을 먹어요?
　　　Tā(tā) chī shénme?

　　B: 她(他)吃面包。　그녀(그)는 빵을 먹어요.
　　　Tā(tā) chī miànbāo.

② A: 你喝什么?　당신은 무엇을 마셔요?
　　　Nǐ hē shénme?

　　B: 我喝咖啡。　나는 커피를 마셔요.
　　　Wǒ hē kāfēi.

③ A: 这是电脑吗?　이것은 컴퓨터예요?
　　　Zhè shì diànnǎo ma?

　　B: 这不是电脑，这是电视。　이것은 컴퓨터가 아니고, 이것은 TV예요.
　　　Zhè bú shì diànnǎo, zhè shì diànshì.

정답 : ① A　② A　③ B

풀이노트 02

① A cī　　　　　　B chī　✓

② A diàn　✓　　　B diè

③ A xié　　　　　B xué★　✓

정답 : ① B chī　② A diàn　③ B xué

★ 'x' 뒤에 'ü'가 올 때는 'ü' 위의 두 점은 생략해서 'u'로 표기해요. 따라서 실제로 이 발음은 '쉬에 xüe'로 읽어야 합니다.

unit 04 这是什么? Zhè shì shénme? 111

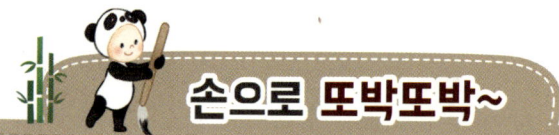

쓰기 1

빈칸에 들어갈 알맞은 단어를 보기에서 고르세요.

보기
- A 不 bù
- B 是 shì
- C 什么 shénme
- D 这 zhè
- E 吗 ma

① _____ 是笔吗? 이것은 펜이에요?
　　　 shì bǐ ma?

② 我 _____ 是学生。 나는 학생이 아니에요.
　Wǒ 　　　 shì xuésheng.

③ 你吃 _____ ? 당신은 무엇을 먹어요?
　Nǐ chī 　　　 ?

쓰기 2

주어진 단어를 어순에 맞게 배열하세요.

① 面包　吃　他
　miànbāo　chī　tā

_____。 그는 빵을 먹어요.

② 你　什么　喝
　nǐ　shénme　hē

_____? 당신은 무엇을 마셔요?

③ 吗　那　电脑　是
　ma　nà　diànnǎo　shì

_____? 저것은 컴퓨터예요?

| 보기 |

- A 不 bù
- B 是 shì
- C 什么 shénme
- D 这 zhè
- E 吗 ma

① 这是笔吗? 　　이것은 펜이에요?
　Zhè shì bǐ ma?

② 我不是学生。　나는 학생이 아니에요.
　wǒ bú shì xuésheng.

③ 你吃什么? 　　당신은 무엇을 먹어요?
　Nǐ chī shénme?

풀이노트 02

① 他吃面包。　　그는 빵을 먹어요.
　Tā chī miànbāo.

② 你喝什么? 　　당신은 무엇을 마셔요?
　Nǐ hē shénme?

③ 那是电脑吗? 　저것은 컴퓨터예요?
　Nà shì diànnǎo ma?

unit 04 这是什么? Zhè shì shénme? 113

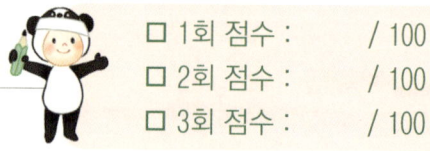

▶ 반복 재시험은 CD안의 재시험용 PDF 파일을 활용하세요~

01 녹음을 듣고 성조를 표시하세요. (1문제 2.5점)

Test 11

① guo   ② fei   ③ mian   ④ jiu

02 녹음을 듣고 다음 보기 중 해당하는 운모를 골라 써넣으세요. (중복사용가능) (1문제 2.5점)

Test 12

보기: iàn　í　ú　ì　ǐng　iǔ

① d___y___   ② d___sh___   ③ b___sh___   ④ p___j___

03 다음 단어의 빈칸을 채우세요. (1문제 8점)

중국어	병음	뜻
① 电脑	diànnǎo	
②	xuésheng	학생
③ 可乐		콜라
④ 饭	fàn	

04 다음 한국어는 한어병음으로 작문하고, 중국어는 한국어로 해석하세요. (1문제 8점)

① 나는 학생이에요.

▶ _____

② 그는 커피를 마셔요.

▶ _____

③ 他们不是中国人。

▶ _____

④ 那是本子。

▶ _____

05 알맞은 대화의 짝을 찾아서 연결하세요. (1문제 4점)

① 这是什么？   ·   · 我喝啤酒。

② 你喝什么？   ·   · 我是韩国人。

③ 那是电视吗？   ·   · 这是笔。

④ 你是韩国人吗？   ·   · 那不是电视。

unit 04 문제 풀이

📣 듣기

01 녹음을 듣고 성조를 표시하세요. (1문제 2.5점)

① guo

② fei

③ mian

④ jiu

02 녹음을 듣고 다음 보기 중 해당하는 운모를 골라 써넣으세요. (1문제 2.5점)

① d___y___

② d___sh___

③ b___sh___

④ p___j___

📖 어휘

03 다음 단어의 빈칸을 채우세요. (1문제 8점)

중국어	병음	뜻
① 电脑	diànnǎo	
②	xuésheng	학생
③ 可乐		콜라
④ 饭	fàn	

01

① guó
② fēi
③ miàn
④ jiǔ

02

① diànyǐng
② diànshì
③ búshì
④ píjiǔ

03

① 电脑   diànnǎo   컴퓨터
▶ 이 문제를 틀렸을 경우에는 P.108를 다시 한번 확인 학습해 주세요.

② 学生   xuésheng   학생
▶ 이 문제를 틀렸을 경우에는 P.99를 다시 한번 확인 학습해 주세요.

③ 可乐   kělè   콜라
▶ 이 문제를 틀렸을 경우에는 P.104를 다시 한번 확인 학습해 주세요.

④ 饭   fàn   밥
▶ 이 문제를 틀렸을 경우에는 P.104를 다시 한번 확인 학습해 주세요.

✏️ 쓰기

04 다음 한국어는 한어병음으로 작문하고, 중국어는 한국어로 해석하세요. (1문제 2.5점)

① 나는 학생이에요.
_____

② 그는 커피를 마셔요.
_____

③ 他们不是中国人。
_____

④ 那是本子。
_____

회화

05 알맞은 대화의 짝을 찾아서 연결하세요. (1문제 4점)

① 这是什么？　·　　·我喝啤酒。
② 你喝什么？　·　　·我是韩国人。
③ 那是电视吗？·　　·这是笔。
④ 你是韩国人吗？·　·那不是电视。

04

① Wǒ shì xuésheng. (我是学生。)
▶ 이 문제를 틀렸을 경우에는 P.99를 다시 한번 확인 학습해 주세요.

② Tā hē kāfēi. (他喝咖啡。)
▶ 이 문제를 틀렸을 경우에는 P.98를 다시 한번 확인 학습해 주세요.

③ 그들은 중국인이 아니에요. (Tāmen bú shì zhōngguórén)
▶ 이 문제를 틀렸을 경우에는 P.107를 다시 한번 확인 학습해 주세요.

④ 그것은 노트에요. (Nà shì běnzi)
▶ 이 문제를 틀렸을 경우에는 P.107를 다시 한번 확인 학습해 주세요.

05

① 这是什么？　　　　　　我喝啤酒。
② 你喝什么？　　　　　　我是韩国人。
③ 那是电视吗？　　　　　这是笔。
④ 你是韩国人吗？　　　　那不是电视。

① A: 这是什么？　　　이것은 무엇이에요？
　 B: 这是笔。　　　　이것은 펜이에요.

② A: 你喝什么？　　　당신은 무엇을 마셔요？
　 B: 我喝啤酒。　　　나는 맥주를 마셔요.

③ A: 那是电视吗？　　저것은 TV예요？
　 B: 那不是电视。　　저것은 TV가 아니에요.

④ A: 你是韩国人吗？　당신은 한국인이에요？
　 B: 我是韩国人。　　나는 한국인이에요.

▶ 이 문제를 틀렸을 경우에는 P.105, P.107를 다시 한번 확인 학습해 주세요.

unit 04　这是什么？ Zhè shì shénme？

티엔티엔 생각펼치기

聊一聊

생각펼치기 04-15

음료 (饮料 yǐnliào)

红茶
hóngchá
홍차

雪碧
xuěbì
사이다(스프라이트)

牛奶
niúnǎi
우유

果汁
guǒzhī
주스

白酒
báijiǔ
백주(배갈)

간식 (点心 diǎnxin)

包子
bāozi
(찐) 만두

饼干
bǐnggān
과자

面包
miànbāo
빵

巧克力
qiǎokèlì
초콜릿

冰淇淋
bīngqílín
아이스크림

중국에서 지켜야 할 비즈니스 에티켓!

Q 퀴즈 중국의 식사, 음주 예절로 바르지 않은 것은 어느 것일까요?

1 밥 그릇을 받쳐 들고 젓가락으로 밥을 먹는다.

2 원형 식탁에서 가장 안쪽 중앙이 상석이다.

3 우리 나라처럼 존경의 표현으로 연장자와 술을 마실 때는 고개를 돌려 마신다.

4 상대방의 술 잔에 술이 비기 전에 첨잔을 한다.

①, ②, ④는 모두 중국의 식사, 음주 예절에 맞는 행동으로 중국에서 지켜야 할 기본적인 에티켓인 점 꼭 기억하세요!

정답 : ③

1 중국에서는 고개를 숙여 밥을 먹지 않아요. 고개를 숙여 밥을 먹는 행동이 흡사 동물과 비슷하다고 하여 고개를 들고 한 손으로 밥 그릇을 받쳐서 젓가락으로 밥을 먹어요. 이때 숟가락은 탕과 죽을 먹을 때만 사용하고 주식을 포함한 나머지 요리는 모두 젓가락을 사용합니다.

2 중국은 더치페이 문화보다는 한턱내다는 개념이 더 강합니다. 식당에서 식사를 할 때는 원형 테이블의 가장 안쪽 중앙이 상석이고 출입구와 가장 가까운 자리가 말석에 해당됩니다.

3 중국의 음주문화에서 한국과 가장 큰 차이점은 연장자와 술을 마실 때 굳이 고개를 돌려 술을 마시지는 않습니다. 그대신 두 손으로 술잔을 받고 술을 마실 때는 눈을 마주치며 대작을 합니다.

4 우리와는 가장 다른 문화적 차이는 상대방의 술잔이 비기 전에 술을 따라 주는 것이 예의라고 하니 이 점은 한국인들이 꼭 기억해야 할 중국의 음주문화겠죠!

unit 05
您贵姓?
Nín guì xìng?

unit 05

⟨오디오 강의⟩

unit 5-1   unit 5-2

당신 성은 뭐예요?

알아두어야 할 학습 사항

중국어로 이름과 국적 소개하기

☐ 您贵姓？Nín guì xìng? 당신 성은 뭐예요?

☐ 我是中国人。Wǒ shì Zhōngguórén. 나는 중국인이에요.

2시간만에 끝내는 독학 Plan

	학습 항목	학습 시간	학습 체크	학습 메모
1	동영상 강의 또는 오디오 강의	15분	☐1회 ☐2회 ☐3회	
2	요것만은 꼭꼭 Point (122~123p)	15분	☐1회 ☐2회 ☐3회	
3	중국인 발음 따라잡기 (124~125p)	15분	☐1회 ☐2회 ☐3회	
4	실전처럼 술술 Speaking (126~129p)	15분	☐1회 ☐2회 ☐3회	
5	회화실력 쑥쑥 Conversation (130~131p)	15분	☐1회 ☐2회 ☐3회	
6	내 귀에 쏙쏙 Listening (132~133p)	15분	☐1회 ☐2회 ☐3회	
7	손으로 또박또박 Writing (134~135p)	15분	☐1회 ☐2회 ☐3회	
8	5과 필기시험 (136~139p)	30분	☐50점 미만 ☐51~80점 ☐81~100점	

50점 미만 unit 전체 1~2회 반복 학습
51점~80점 틀린 부분 다시 학습
81점~100점 다음 unit 진행 OK~!!

요것만은 꼭꼭~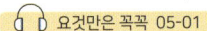

어법 1 중국어로 이름 묻기

닌 꾸에이 싱
您 贵 姓?
Nín guì xìng?

당신 성은 뭐예요?

중국인과 처음 만나 상대방의 이름을 물어보고 답하는 표현은 크게 두 가지가 있어요.

성을 묻는 표현

A: 닌 꾸에이 싱
您 贵* 姓?   당신 성은 뭐예요?
Nín guì xìng?

B: 워 싱 왕, 쟈오 왕 리
我 姓 王, 叫 王 丽。   나는 성이 왕씨이고, 왕리라고 해요.
Wǒ xìng Wáng, jiào Wáng Lì.

★ '贵'는 '귀하다 비싸다'라는 뜻 외에 상대방의 성씨를 물을 때 존칭의 의미로 쓰입니다.
또한 'guì'는 'uei'가 성모와 결합할 때 가운데 'e'가 생략된 형태로 '꾸이'가 아니라 '꾸에이'로 생략된 'e'를 살짝 발음해야 합니다.

→ 존칭 형태로 성만 묻고 대답은 '**我姓 Wǒ xìng + 성, 叫 jiào + 이름(성을 뺀 이름만 써도 가능)**' 형식입니다. '제 성은 ~이고, 이름은 ~라고 해요'라는 표현으로 성과 이름을 구분해서 소개하는 방법이에요.

□ 贵 ⑧ 귀하다, 비싸다
　guì

□ 姓 ⑲⑧ 성, 성이 ~이다
　xìng

□ 叫 ⑧ ~라고 부르다
　jiào

□ 名字 ⑲ 이름
　míngzi

직접적으로 이름을 묻는 표현

A: 니 쟈오 션머 밍쯔
你 叫 什么 名字?   당신 이름은 뭐예요?
Nǐ jiào shénme míngzi?

B: 워 쟈오 진 민 구오
我 叫 金民国。   저는 김민국이라고 해요.
Wǒ jiào Jīn Mínguó.

→ '叫 jiào'는 '~라고 부르다'의 뜻으로 '**주어 + 叫 + 성명**'의 형식을 써서 '주어는 ~라고 해요(불러요)'로 표현할 수 있어요.

어법 2 의문대명사 哪 nǎ 와 중국어로 국적 묻기

 니 스 나 구오 런
你 是 哪国人? 당신은 어느 나라 사람이에요?
Nǐ shì nǎ guó rén?

- 哪 때 어느
  nǎ
- 国 뗭 나라
  guó
- 人 뗭 사람
  rén

의문대명사 '哪 nǎ'는 '어느'라는 뜻으로, 일반적으로 지정된 것 중에서 하나를 물을 때 사용하는 의문사예요. 또한 '당신은 어느 나라 사람이에요?'라고 국적을 물을 때도 이 '哪 nǎ'를 이용해 질문할 수 있어요.

| 주어 | 是 | 哪国人? | ~은(는) 어느 나라 사람이에요? |

니 스 나 구오 런
A: 你 是 哪国人? 당신은 어느 나라 사람이에요?
   Nǐ shì nǎ guó rén?

워 스 한 구오 런
B: 我 是 韩国人。 저는 한국인(사람)이에요.
   Wǒ shì Hánguórén.

★ 대답은 '주어 + 是 shì + 나라명 + 人 rén'으로 표현해요.

니 스 나 구오 런
A: 你 是 哪国人? 당신은 어느 나라 사람이에요?
   Nǐ shì nǎ guó rén?

워 스 쭝 구오 런
B: 我 是 中国人。 저는 중국인이에요.
   Wǒ shì Zhōngguórén.

 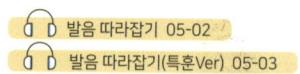

중국인 발음 따라잡기

 녹음을 듣고 [결합운모 + 성모] 결합에 주의하여 읽어보세요.

iou(iu)　ian　uei(ui)　uan　uen(un)

iou(iu)	diū 丢 잃다	niú 牛 소	yòu 又 또
ian	jiàn 见 보다	tián 甜 달다	yán 盐 소금
uei(ui)	huí 回 돌아가다(오다)	suì 岁 살(세)	wéi 喂 여보세요
uan	duǎn 短 짧다	kuān 宽 넓다	wán 玩 놀다
uen(un)	shùn 顺 순조롭다	chūn 春 봄	wèn 问 묻다

 다음 문장을 발음에 주의하여 읽어보세요.

① Táng tián, yán xián.

糖甜，盐咸。
설탕은 달고, 소금은 짜다.

② Tāmen wèn, wǒmen huídá.

他们问，我们回答。
그들은 묻고, 우리는 대답한다.

③ Tiān'ānmén★ zài Běijīng, Nándàmén zài Shǒu'ěr.

天安门在北京，南大门在首尔。
톈안먼은 베이징에 있고, 남대문은 서울에 있다.

 ★격음부호『'』

a, o, e로 시작하는 음절 앞에 다른 음절이 올 때, 음절 간의 경계를 분명히 구분하기 위해 『'』를 사용해요.

Tiān'ānmén (天安门) 톈안먼   Shǒu'ěr (首尔) 서울

 **실전처럼 술술~**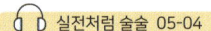

01 보기와 같이 단어와 문형을 연습하세요.

보기 1

王丽
Wáng Lì

A: 请问，您贵姓？
　　Qǐng wèn, nín guì xìng?

B: 我姓王，叫王丽。
　　Wǒ xìng Wáng, jiào Wáng Lì.

보기 2

金民国
Jīn Mínguó

A: 你叫什么名字？
　　Nǐ jiào shénme míngzi?

B: 我叫金民国。
　　Wǒ jiào Jīn Mínguó.

①

金大韩
Jīn Dàhán
김대한

②

李美珍
Lǐ Měizhēn
이미진

③

范冰冰
Fàn Bīngbīng
판빙빙

④

汤唯
Tāng Wéi
탕웨이

풀이노트 01 듣고 말하기 훈련용 05-05

王丽
Wáng Lì
왕리

A: 请问，您贵姓？　말씀 좀 물을게요, 당신 성은 뭐예요?
　　Qǐng wèn, nín guì xìng?

B: 我姓王，叫王丽。　제 성은 왕씨이고, 왕리라고 해요.
　　Wǒ xìng Wáng, jiào Wáng Lì.

金民国
Jīn Mínguó
김민국

A: 你叫什么名字？　당신 이름은 뭐예요?
　　Nǐ jiào shénme míngzi?

B: 我叫金民国。　저는 김민국이라고 해요.
　　Wǒ jiào Jīn Mínguó.

|보기 1|

① A: 请问，您贵姓？　말씀 좀 물을게요, 당신 성은 뭐예요?
　　　Qǐng wèn, nín guì xìng?

　 B: 我姓金，叫金大韩。　제 성은 김씨이고, 김대한이라고 해요.
　　　Wǒ xìng Jīn, jiào Jīn Dàhán.

② A: 请问，您贵姓？　말씀 좀 물을게요, 당신 성은 뭐예요?
　　　Qǐng wèn, nín guì xìng?

　 B: 我姓李，叫李美珍。　제 성은 이씨이고, 이미진이라고 해요.
　　　Wǒ xìng Lǐ, jiào Lǐ Měizhēn.

|보기 2|

③ A: 你叫什么名字？　당신 이름은 뭐예요?
　　　Nǐ jiào shénme míngzi?

　 B: 我叫范冰冰。　저는 판빙빙이라고 해요.
　　　Wǒ jiào Fàn Bīngbīng.

④ A: 你叫什么名字？　당신 이름은 뭐예요?
　　　Nǐ jiào shénme míngzi?

　 B: 我叫汤唯。　저는 탕웨이라고 해요.
　　　Wǒ jiào Tāng Wéi.

실전처럼 술술~

🎧 실전처럼 술술 05-06

Speaking

02 보기와 같이 단어와 문형을 연습하세요.

| 보기 |

韩国
Hánguó

A: 你是哪国人?
　　Nǐ shì nǎ guó rén?

B: 我是韩国人。
　　Wǒ shì Hánguórén.

①
中国 Zhōngguó
중국

②
日本 Rìběn
일본

③
英国 Yīngguó
영국

④
美国 Měiguó
미국

⑤
意大利 Yìdàlì
이탈리아

풀이노트 02 🎧 듣고 말하기 훈련용 05-07

韩国
Hánguó
한국

A: 你是哪国人？ 당신은 어느 나라 사람이에요?
　　Nǐ shì nǎ guó rén?

B: 我是**韩国人**。 나는 한국인이에요.
　　Wǒ shì Hánguórén.

① A: 你是哪国人？ 당신은 어느 나라 사람이에요?
　　　Nǐ shì nǎ guó rén?

　　B: 我是**中国人**。 나는 중국인이에요.
　　　Wǒ shì Zhōngguórén.

② A: 你是哪国人？ 당신은 어느 나라 사람이에요?
　　　Nǐ shì nǎ guó rén?

　　B: 我是**日本人**。 나는 일본인이에요.
　　　Wǒ shì Rìběnrén.

③ A: 你是哪国人？ 당신은 어느 나라 사람이에요?
　　　Nǐ shì nǎ guó rén?

　　B: 我是**英国人**。 나는 영국인이에요.
　　　Wǒ shì Yīngguórén.

④ A: 你是哪国人？ 당신은 어느 나라 사람이에요?
　　　Nǐ shì nǎ guó rén?

　　B: 我是**美国人**。 나는 미국인이에요.
　　　Wǒ shì Měiguórén.

⑤ A: 你是哪国人？ 당신은 어느 나라 사람이에요?
　　　Nǐ shì nǎ guó rén?

　　B: 我是**意大利人**。 나는 이탈리아인이에요.
　　　Wǒ shì Yìdàlìrén.

☐ 日本 🇯🇵 일본
　　Rìběn

☐ 英国 🇬🇧 영국
　　Yīngguó

☐ 美国 🇺🇸 미국
　　Měiguó

☐ 意大利 🇮🇹 이탈리아
　　Yìdàlì

회화실력 쑥쑥~

🎧 천천히 읽기 05-09
🎧 빠르게 읽기 05-10
🎧 따라 읽기 05-11

Conversation

民国 Mínguó
칭 원   닌 꾸에이 싱
请问，您贵姓？
Qǐng wèn, nín guì xìng?

王丽 Wáng Lì
워 싱 왕   쟈오 왕 리   니 쟈오 션머 밍쯔
我姓王，叫王丽。你叫什么名字？
Wǒ xìng Wáng, jiào Wáng Lì. Nǐ jiào shénme míngzi?

民国 Mínguó
워 쟈오 진 민 구오   니 스 나 구오런
我叫金民国。你是哪国人？
Wǒ jiào Jīn Mínguó. Nǐ shì nǎ guó rén?

王丽 Wáng Lì
워 스 쭝 구오런
我是中国人。
Wǒ shì Zhōngguórén.

民国 Mínguó
런 스 니   헌 까오싱
认识你，很高兴。
Rènshi nǐ, hěn gāoxìng.

王丽 Wáng Lì
런 스 니   워 이에 헌 까오 싱
认识你，我也很高兴。
Rènshi nǐ, wǒ yě hěn gāoxìng.

🎧 한국어를 중국어로 05-12

민국	말씀 좀 물을게요, 당신 성은 뭐예요?
왕리	제 성은 왕씨이고, 왕리라고 해요. 당신 이름은 뭐예요?
민국	저는 김민국이에요. 당신은 어느 나라 사람이에요?
왕리	저는 중국인이에요.
민국	만나서 반가워요.
왕리	저도 만나서 반가워요.

어휘표현

🎧 어휘 표현 05-08

请 [qǐng] 동 부탁하다, ~하세요
贵 [guì] 형 귀하다, 비싸다
名字 [míngzi] 명 이름
国 [guó] 명 나라
高兴 [gāoxìng] 형 기쁘다

问 [wèn] 동 묻다
姓 [xìng] 명 성 동 성이 ~이다
金 [Jīn] 명 김(성씨)
人 [rén] 명 사람
中国 [Zhōngguó] 명 중국

请问 [qǐng wèn] 말씀 좀 묻겠습니다
叫 [jiào] 동 (~라고) 부르다
哪 [nǎ] 대 어느
认识 [rènshi] 동 알다, 인식하다
王丽 [Wáng Lì] 인명 왕리

01 '~해주세요' 공손한 청유의 표현 '请 qǐng'

'请 qǐng'은 영어 please와 비슷한 표현으로, 문장 맨 앞에 '请 (주어) + 동사'로 써서 상대방에게 공손히 부탁할 때 사용되는 표현이에요.

请听!   들으세요!
Qǐng tīng!

请坐!   앉으세요!
Qǐng zuò!

☐ 听 ⑧ 듣다
　 tīng
☐ 坐 ⑧ 앉다
　 zuò

02 예의를 갖춰야 하는 자리에서는 '您贵姓？Nín guì xìng?'

이름을 물을 때는 오늘 회화에서 배운 것처럼 '您贵姓？Nín guì xìng?'과 '你叫什么名字？Nǐ jiào shénme míngzi?'로 표현할 수 있어요.

단, 윗사람이나 격식을 차려야 하는 자리에서 직접적으로 '你叫什么名字？Nǐ jiào shénme míngzi?'로 이름을 묻는다면 결례가 될 수도 있으니 예의를 갖춰야 하는 공식적인 자리라면 상대방의 성을 높여 주는 '您贵姓？Nín guì xìng?'으로 질문하는 것이 좋아요.

이때 대답은 스스로를 높이지 않기 위해 '贵 guì'를 빼고 '我姓~ Wǒ xìng~'으로 대답하거나, '我叫~ Wǒ jiào~'로 대답하면 됩니다.

A: 您贵姓？   당신 성은 뭐예요?
　 Nín guì xìng?

B: 我姓金。   저는 김씨예요.
　 Wǒ xìng Jīn.

　 我叫金民国。   저는 김민국이라고 해요.
　 Wǒ jiào Jīn Mínguó.

또한 제3자의 성을 물어볼 때는 '贵'를 사용하지 않고 '他(她)姓什么？' 즉 '그(그녀)의 성은 뭐예요?'라고 묻는다는 것도 꼭 기억하세요!

A: 她姓什么？   그녀의 성은 뭐예요?
　 Tā xìng shénme?

B: 她姓张。   그녀의 성은 장씨예요.
　 Tā xìng Zhāng.

 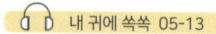 

내 귀에 쏙쏙~

 녹음을 듣고 녹음 내용과 일치하는 그림을 고르세요.

① ② ③

 다음 A,B 에 공통으로 들어갈 운모를 고르세요.

① A g___   ui   iu   B d___

② A k___   en   un   B c___

③ A q___   uan   ian   B j___

풀이노트 01

① A: 您贵姓?
   Nín guì xìng?
   당신 성은 뭐예요?

   B: 我姓金。
   Wǒ xìng Jīn.
   제 성은 김씨예요.

② A: 你是哪国人?
   Nǐ shì nǎ guó rén?
   당신은 어느 나라 사람이에요?

   B: 我是中国人。
   Wǒ shì Zhōngguórén.
   나는 중국인이에요.

③ A: 你是中国人吗?
   Nǐ shì Zhōngguórén ma?
   당신은 중국인이에요?

   B: 我不是中国人，我是韩国人。
   Wǒ bú shì Zhōngguórén, Wǒ shì Hánguórén.
   나는 중국인이 아니고, (나는) 한국인이에요.

정답: ① B ② C ③ A

풀이노트 02

① A g____   (ui)   iu   B d____

② A k____   en   (un)*   B c____

③ A q____   (uan) ian   B j____

정답: ① A guì B duì   ② A kùn B cún   ③ A quàn B juán

★ 'un'은 원래 'uen'으로 표기해야 하나 앞에 성모가 있을 때는 중간 운모 'e'가 생략되어 'un'으로 표기해요. 이때 생략된 'e' 발음은 가볍게 발음해줍니다.

unit 05 您贵姓? Nín guì xìng? 133

쓰기 1
빈칸에 들어갈 알맞은 단어를 보기에서 고르세요.

보기
- A 是 shì
- B 什么 shénme
- C 叫 jiào
- D 哪 nǎ
- E 姓 xìng

① 请问，您贵 _____ ?　말씀 좀 물을게요, 당신 성은 뭐예요?
Qǐng wèn, nín guì _____ ?

② 我 _____ 王丽。　저는 왕리라고 해요.
Wǒ _____ Wáng Lì.

③ 你是 _____ 国人?　당신은 어느 나라 사람이에요?
Nǐ shì _____ guó rén.

쓰기 2
주어진 단어를 어순에 맞게 배열하세요.

① 很　认识　高兴　你
　hěn　rènshi　gāoxìng　nǐ

_____ 。　만나서 반가워요.

② 叫　什么　你　名字
　jiào　shénme　nǐ　míngzi

_____ ?　당신 이름은 뭐예요?

③ 你　人　是　哪　国
　nǐ　rén　shì　nǎ　guó

_____ ?　당신은 어느 나라 사람이에요?

풀이 노트 01

| 보기 |

- **A** 是 shì
- **B** 什么 shénme
- **C** 叫 jiào
- **D** 哪 nǎ
- **E** 姓 xìng

① 请问，您贵姓？ 말씀 좀 물을게요, 당신 성은 뭐예요?
　Qǐng wèn, nín guì xìng?

② 我叫王丽。 저는 왕리라고 해요.
　Wǒ jiào Wáng Lì.

③ 你是哪国人？ 당신은 어느 나라 사람이에요?
　Nǐ shì nǎ guó rén.

풀이 노트 02

① 认识你，很高兴。 만나서 반가워요.
　Rènshi nǐ, hěn gāoxìng.

② 你叫什么名字？ 당신 이름은 뭐예요?
　Nǐ jiào shénme míngzi?

③ 你是哪国人？ 당신은 어느 나라 사람이에요?
　Nǐ shì nǎ guó rén?

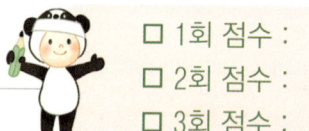

 01 녹음을 듣고 성조를 표시하세요. (1문제 2.5점)

Test 13

① ying guo   ② qing wen   ③ ming zi   ④ tang wei

 02 녹음을 듣고 다음 보기 중 해당하는 운모를 골라 써넣으세요. (1문제 2.5점)

Test 14

| 보기 |
| ì   èn   ěn   uì   iào |

① r____b____   ② w_____   ③ j_____   ④ g_____

03 다음 단어의 빈칸을 채우세요. (1문제 8점)

중국어	병음	뜻
① 哪	nǎ	
②	Zhōngguó	중국
③ 高兴	gāoxìng	
④ 请		부탁하다, ~하세요

04 다음 한국어는 한어병음으로 작문하고, 중국어는 한국어로 해석하세요. (1문제 8점)

① 저는 김민국이라고 해요(불러요).

▶ _____

② 저도 (매우) 기뻐요(반가워요).

▶ _____

③ 我是美国人。

▶ _____

④ 你叫什么名字?

▶ _____

05 알맞은 대화의 짝을 찾아서 연결하세요. (1문제 4점)

① 你叫什么名字?　　·　　　　　　　　·　我姓王。

② 您贵姓?　　　　　·　　　　　　　　·　我是韩国人。

③ 你是哪国人?　　　·　　　　　　　　·　我叫李美珍。

④ 认识你,很高兴。　·　　　　　　　　·　认识你,我也很高兴。

unit 05 문제 풀이

듣기

01 녹음을 듣고 성조를 표시하세요. (1문제 2.5점)

① ying guo

② qing wen

③ ming zi

④ tang wei

02 녹음을 듣고 다음 보기 중 해당하는 운모를 골라 써넣으세요. (1문제 2.5점)

① r____b____

② w____

③ j____

④ g____

어휘

03 다음 단어의 빈칸을 채우세요. (1문제 8점)

중국어	병음	뜻
① 哪	nǎ	
②	Zhōngguó	중국
③ 高兴	gāoxìng	
④ 请		부탁하다, ~하세요

01

① yīng guó
② qǐng wèn
③ míng zi
④ tāng wéi

02

① rìběn
② wèn
③ jiào
④ guì

03

① 哪　　nǎ　　　　어느
▶ 이 문제를 틀렸을 경우에는 P.123를 다시 한번 확인 학습해 주세요.

② 中国　Zhōngguó　중국
▶ 이 문제를 틀렸을 경우에는 P.123를 다시 한번 확인 학습해 주세요.

③ 高兴　gāoxìng　　기쁘다, 반갑다
▶ 이 문제를 틀렸을 경우에는 P.130를 다시 한번 확인 학습해 주세요.

④ 请　　qǐng　　　부탁하다, ~하세요
▶ 이 문제를 틀렸을 경우에는 P.130를 다시 한번 확인 학습해 주세요.

✏️ 쓰기

04 다음 한국어는 한어병음으로 작문하고, 중국어는 한국어로 해석하세요. (1문제 8점)

① 저는 김민국이라고 해요(불러요).

② 저도 (매우) 기뻐요(반가워요).

③ 我是美国人。

④ 你叫什么名字？

04

① Wǒ jiào Jīn Mínguó. (我叫金民国。)
  ▶ 이 문제를 틀렸을 경우에는 P.122를 다시 한번 확인 학습해 주세요.

② Wǒ yě hěn gāoxìng. (我也很高兴。)
  ▶ 이 문제를 틀렸을 경우에는 P.130를 다시 한번 확인 학습해 주세요.

③ 나는 미국인이에요. (Wǒ shì Měiguórén.)
  ▶ 이 문제를 틀렸을 경우에는 P.129를 다시 한번 확인 학습해 주세요.

④ 당신의 이름은 뭐예요? (Nǐ jiào shénme míngzi?)
  ▶ 이 문제를 틀렸을 경우에는 P.122를 다시 한번 확인 학습해 주세요.

회화

05 알맞은 대화의 짝을 찾아서 연결하세요. (1문제 4점)

① 你叫什么名字？ · · 我姓王。
② 您贵姓？ · · 我是韩国人。
③ 你是哪国人？ · · 我叫李美珍。
④ 认识你, 很高兴。 · · 认识你, 我也很高兴。

05

① 你叫什么名字？ —— 我姓王。
② 您贵姓？ —— 我是韩国人。
③ 你是哪国人？ —— 我叫李美珍。
④ 认识你, 很高兴。 —— 认识你, 我也很高兴。

① A: 你叫什么名字？ 당신 이름은 뭐예요?
  B: 我叫李美珍。 저는 이미진이에요.
② A: 您贵姓？ 당신 성은 뭐예요?
  B: 我姓王。 제 성은 왕씨예요.
③ A: 你是哪国人？ 당신은 어느 나라 사람이에요?
  B: 我是韩国人。 나는 한국인이에요.
④ A: 认识你, 很高兴。 만나서 반가워요.
  B: 认识你, 我也很高兴。 만나서 저도 반가워요.

▶ 이 문제를 틀렸을 경우에는 P.127, P.129, P.130를 다시 한번 확인 학습해 주세요.

unit 05 您贵姓？ Nín guì xìng?

티엔티엔 생각펼치기

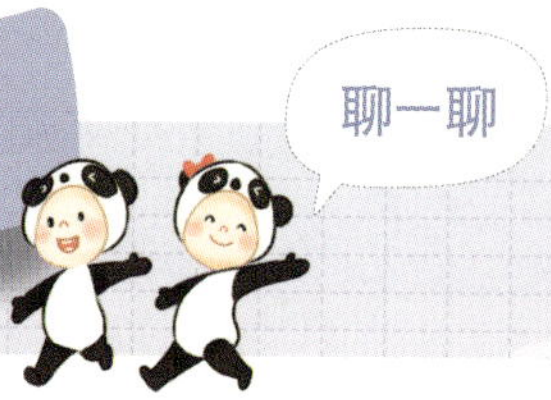

聊一聊

중국어로 국가명 익히기

생각펼치기 05-14

中国
Zhōngguó
중국
韩国
Hánguó
한국
美国
Měiguó
미국
德国
Déguó
독일
加拿大
Jiānádà
캐나다
英国
Yīngguó
영국
法国
Fǎguó
프랑스
意大利
Yìdàlì
이탈리아
澳大利亚
Àodàlìyà
오스트레일리아
台湾
Táiwān
대만
日本
Rìběn
일본

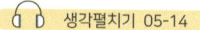

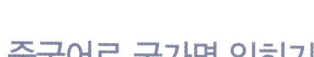

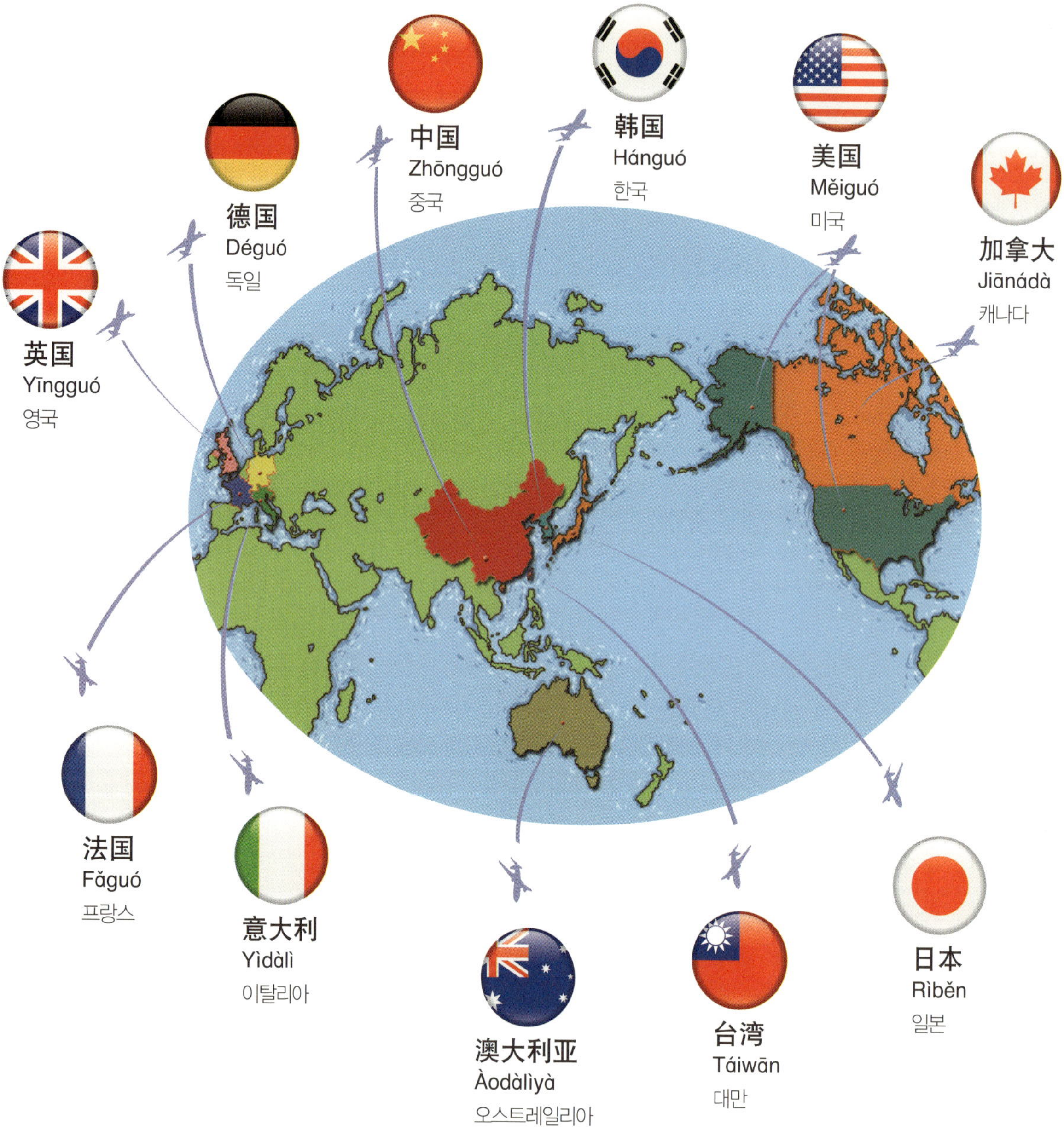

인구만큼 많은 중국의 성씨

14억에 가까운 인구의 중국은 인구 수만큼 다양한 성씨가 있다고 해요. 과거 약 24,000개 이상이 있었고 그 중 약 2만개는 사라지면서 현재까지 쓰고 있는 성씨는 소수민족이 사용하고 있는 성씨를 포함하여 약 3,500여개라고 하네요.

고대 문헌에 보면 과거에는 모계 씨족 사회였기 때문에 모친의 이름으로 성을 삼았는데 이에 부수로 '女'가 들어간 성이 많았다고 하고 자신의 부족이 숭배하던 동물의 명칭을 성으로 삼는 경우도 있었다고 합니다.

중국에서 가장 많이 쓰는 10대 성씨에는
陈(쳔, 진), 王(왕, 왕), 李(리, 이), 张(쟝, 장), 刘(리우, 류), 杨(양, 양), 黄(황, 황), 赵(쟈오, 조), 吴(우, 오), 周(쪄우, 주)가 있습니다.
그 중 현재까지 가장 많은 사람이 가지고 있는 성씨는 바로 '李'씨 입니다.
10대 성씨 가운데서도 王, 李, 张, 刘, 陈이 가장 흔하며 이 5개의 성씨를 가진 사람의 인구만 약 3억 5천만 명에 달하여 전체 인구의 약 30%를 차지하고 있다고 해요.

이처럼 흔한 성씨가 있는 반면 특이한 성씨도 많이 존재합니다. 예를 들면 동물 뜻을 가진 성씨인 马(마, 마), 牛(니오우, 우), 龙(롱, 용)과 같은 성씨도 있고, 방위와 방향을 나타내는 东(똥, 동), 西(시, 서), 南(난, 남), 北(베이, 북) 등의 성씨도 있으며, 一(이, 일), 二(얼, 이), 三(싼, 삼), 四(쓰, 사)와 같은 숫자 성씨, 口(커우, 구), 耳(얼, 이), 手(셔유, 수), 足(쭈, 족)와 같은 신체부위 관련 성씨 등 특이한 성씨도 많습니다.

중국에는 복성을 가진 사람도 많은데 가장 대표적인 복성은 欧阳(어우양, 구양), 诸葛(쥬거, 제갈), 司马(쓰마, 사마) 등이 있습니다.
최근에는 한국과 마찬가지로 중국에서도 부모양가의 성씨를 계승하는 새로운 복성이 등장하고 있습니다. 예를 들어 아버지의 성씨인 张(쟝, 장)과 어머니의 성씨인 胡(후, 호)를 합쳐 자녀의 성씨를 张胡로 만드는 사례도 꾸준히 증가하고 있다고 해요.

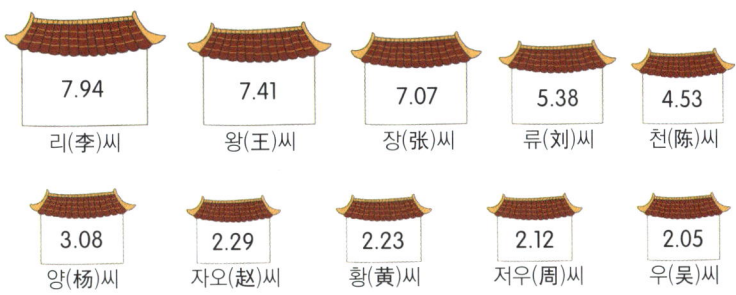

7.94	7.41	7.07	5.38	4.53
리(李)씨	왕(王)씨	장(张)씨	류(刘)씨	천(陈)씨
3.08	2.29	2.23	2.12	2.05
양(杨)씨	자오(赵)씨	황(黄)씨	저우(周)씨	우(吴)씨

(2015년 기준, 숫자는 중국 한족 인구에서 차지하는 퍼센트)

unit 06

你去哪儿?
Nǐ qù nǎr?

〈동영상 강의〉

unit 06

〈오디오 강의〉

unit 6-1   unit 6-2

알아두어야 할 학습 사항

중국어로 행선지 묻고 답하기

☐ 你去哪儿? Nǐ qù nǎr? 당신은 어디를 가요?

2시간만에 끝내는 독학 Plan

	학습 항목	학습 시간	학습 체크			학습 메모
1	동영상 강의 또는 오디오 강의	15분	☐1회	☐2회	☐3회	
2	요것만은 꼭꼭 Point (144~145p)	15분	☐1회	☐2회	☐3회	
3	중국인 발음 따라잡기 (146~147p)	15분	☐1회	☐2회	☐3회	
4	실전처럼 술술 Speaking (148~151p)	15분	☐1회	☐2회	☐3회	
5	회화실력 쑥쑥 Conversation (152~153p)	15분	☐1회	☐2회	☐3회	
6	내 귀에 쏙쏙 Listening (154~155p)	15분	☐1회	☐2회	☐3회	
7	손으로 또박또박 Writing (156~157p)	15분	☐1회	☐2회	☐3회	
8	6과 필기시험 (158~161p)	30분	☐50점 미만	☐51~80점	☐81~100점	

50점 미만 unit 전체 1~2회 반복 학습
51점~80점 틀린 부분 다시 학습
81점~100점 다음 unit 진행 OK~!!

 요것만은 꼭꼭~ 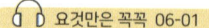 요것만은 꼭꼭 06-01

어법 1 장소를 물을 때 쓰는 의문대명사 '哪儿 nǎr'

니 취 날
你 去 哪儿?
Nǐ qù nǎr?

당신은 어디를 가요?

- 去 ⑧ 가다
  qù
- 图书馆 ⑨ 도서관
  túshūguǎn
- 在 ⑨ ~(에) 있다
  zài
- 家 ⑩ 집, 가정
  jiā

의문대명사 '哪儿 nǎr'은 '어디'라는 뜻으로 장소를 물을 때 쓰는 의문사예요.
앞서 배웠던 '什么 shénme, 哪 nǎ'와 마찬가지로 의문대명사가 있을 때는 문장 끝에 의문조사 '吗 ma'는 함께 쓰지 않아요.

① A: 你 去 哪儿?   당신은 어디에 가요?
       Nǐ qù nǎr?

   B: 我 去 图书馆。   저는 도서관에 가요.
       Wǒ qù túshūguǎn.

② A: 你 在 哪儿?   당신은 어디에 있어요?
       Nǐ zài nǎr?

   B: 我 在 家。   저는 집에 있어요.
       Wǒ zài jiā.

어법 2 '여기, 저기'를 나타내는 지시대명사 '这儿 zhèr, 那儿 nàr'

투 슈 관 짜이 쩔
图书馆 在 这儿。
Túshūguǎn zài zhèr.

도서관은 여기에 있어요.

앞서 4과에서 배웠던 '这 zhè, 那 nà'에 이어 가까운 곳을 지칭하는 '여기, 이곳'의 '这儿 zhèr', 멀리 떨어져 있는 곳을 지칭하는 '저기, 그곳'의 '那儿 nàr'도 지시대명사입니다.

근 칭	这 zhè 이 (사람), 이것	这儿 zhèr 여기, 이곳
원 칭	那 nà 저 (사람), 저것	那儿 nàr 저기, 그곳

A: 图书馆在哪儿?
투 슈 관 짜이 날
Túshūguǎn zài nǎr?
도서관은 어디에 있나요?

B: 图书馆在那儿。
투 슈 관 짜이 날
Túshūguǎn zài nàr.
도서관은 저기에 있어요.

★ '어디'의 '哪儿 nǎr'과 '저기'의 '那儿 nàr'의 글자와 발음이 비슷하니 성조에 유의하여 읽어주세요.

어법 3 긍정과 부정을 나란히 나열하는 '정반의문문'

图书馆 远 不 远?
투 슈 관 위엔 부 위엔
Túshūguǎn yuǎn bu yuǎn?
도서관은 멀어요 안 멀어요?

우리말의 '가니 안 가니?'처럼 동사, 형용사 술어의 긍정형과 부정형을 나란히 나열하는 의문문을 '정반의문문'이라고 해요.

주어 + 술어 + 不 + 술어 + (목적어)?

他 去 不 去?
타 취 부 취
Tā qù bu qù?
그는 가요 안 가요? (갑니까?)

□ 远 웹 멀다
  yuǎn

□ 听 웹 듣다
  tīng

□ 音乐 웹 음악
  yīnyuè

□ 学校 웹 학교
  xuéxiào

□ 大 웹 크다
  dà

이때 정반의문문은 의문사 의문문처럼 문장 뒤에 '吗'를 붙이지 않아요. 가운데 '不 bù'는 발음을 자연스럽게 하기 위해 편의상 경성 'bu'로 읽어줍니다.

图书馆 远 不 远? = 图书馆 远 吗?
투 슈 관 위엔 부 위엔   투 슈 관 위엔
Túshūguǎn yuǎn bu yuǎn? = Túshūguǎn yuǎn ma?
도서관은 멀어요?

★ 정반의문문의 의미는 吗 의문문과 동일해요.

你 听 不 听 音乐?
니 팅 부 팅 인 위에
Nǐ tīng bu tīng yīnyuè?
당신은 음악을 들어요?

学校 大 不 大?
쉬에 샤오 따 부 따
Xuéxiào dà bu dà?
학교는 커요?

 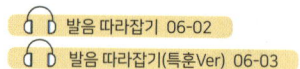

중국인 발음 따라잡기

 녹음을 듣고 [결합운모 + 성모] 결합에 주의하여 읽어보세요.

in iang ing iong uang ueng

in	xīn 新 새롭다	nín 您 당신	yīn 阴 흐리다
iang	jiāng 江 강	xiǎng 想 생각하다	yáng 羊 양
ing	bīng 冰 얼음	qǐng 请 청하다	yíng 赢 이기다
iong	qióng 穷 가난하다	xióng 熊 곰	yòng 用 사용하다
uang	guāng 光 빛	huáng 黄 노랗다	wáng 王 임금
ueng		wēng 翁 어르신	

发音

발음 2 다음 문장을 발음에 주의하여 읽어보세요.

❶ **Jīntiān yīn, míngtiān qíng.**

今天阴，明天晴。
오늘은 흐리고, 내일은 맑다.

❷ **Tā hěn yǒnggǎn.**

他很勇敢。
그는 용감하다.

❸ **Wǒ xiǎng kàn dà xióngmāo.**

我想看大熊猫。
나는 판다가 보고싶다.

실전처럼 술술~

🎧 실전처럼 술술 06-04

➡ Speaking

01 보기와 같이 단어와 문형을 연습하세요.

> 보기
>
> 去 / 学校
> qù / xuéxiào
>
> A: 你去哪儿?
> Nǐ qù nǎr?
>
> B: 我<mark>去学校</mark>。
> Wǒ qù xuéxiào.

①

在 / 饭馆儿
zài / fànguǎnr
(~에)있다 / 음식점

A: 他在哪儿?
Tā zài nǎr?

B: 他 _____。
Tā _____.

②

住 / 首尔
zhù / Shǒu'ěr
살다 / 서울

A: 你住哪儿?
Nǐ zhù nǎr?

B: 我 _____。
Wǒ _____.

③

回 / 家
huí / jiā
돌아가다(오다) / 집

A: 她去哪儿?
Tā qù nǎr?

B: 她 _____。
Tā _____.

풀이노트 01   듣고 말하기 훈련용 06-05

去 / 学校
qù / xuéxiào
가다 / 학교

A: 你去哪儿?　　　당신은 어디에 가요?
　　Nǐ qù nǎr?

B: 我去学校。　　　저는 학교에 가요.
　　Wǒ qù xuéxiào.

① A: 他在哪儿?　　　그는 어디에 있어요?
　　　Tā zài nǎr?

　　B: 他在饭馆儿。　　그는 식당에 있어요.
　　　Tā zài fànguǎnr.★

② A: 你住哪儿?　　　그는 어디에 살아요?
　　　Nǐ zhù nǎr?

　　B: 我住首尔。　　　그는 서울에 살아요.
　　　Wǒ zhù Shǒu'ěr.

③ A: 她去哪儿?　　　그녀는 어디에 가요?
　　　Tā qù nǎr?

　　B: 她回家★。　　　그녀는 집에 가요.
　　　Tā huí jiā.

□ 饭馆儿 ❸ 음식점
　fànguǎnr

□ 住 ❸ 살다
　zhù

□ 首尔 ❸ 서울
　Shǒu'ěr

□ 回 ❸ 돌아가다(오다)
　huí

★ '식당 饭馆'은 fànguǎn(饭馆)뒤에 -r(儿)과 결합하여 'fànguǎnr'로 표기하는데 이때 발음은 뒤에 -r을 붙여야 하기 때문에 기존 운모의 마지막 받침(여기서는 'guan 관'의 'n' 발음)은 사라지고 그 자리에 -r 이 들어가 '판괄'로 읽어야 해요.

★ 중국어에서는 '집에 가다'라는 표현은 '去家 qù jiā'라고 하시 않고 '回家 huí jiā 집에 돌아가다'로 표현합니다.

unit 06 你去哪儿? Nǐ qù nǎr? 149

 **실전처럼 술술~** 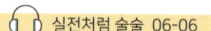 실전처럼 술술 06-06  Speaking

02 보기와 같이 단어와 문형을 연습하세요.

| 보기 1

喝 / 茶
hē   chá

A: 他们喝不喝茶?
Tāmen hē bu hē chá?

B: 他们喝茶。
Tāmen hē chá.

| 보기 2

忙
máng

A: 他们忙不忙?
Tāmen máng bu máng?

B: 他们很忙。
Tāmen hěn máng.

①

是/ 韩国人
shì / Hánguórén
~이다 / 한국인

A: 你 _____?
Nǐ _____?

B: 我是韩国人。
Wǒ shì Hánguórén.

②

在/ 家
zài / jiā
(~에) 있다 / 집

A: 她 _____?
Tā _____?

B: 她在家。
Tā zài jiā.

③

胖 pàng
뚱뚱하다

A: 他 _____?
Tā _____?

B: 他很胖。
Tā hěn pàng.

④

难 nán
어렵다

A: 汉语 _____?
Hànyǔ _____?

B: 汉语不难。
Hànyǔ bù nán.

풀이노트 02 듣고 말하기 훈련용 06-07

喝 / 茶
hē chá
마시다 / 차

A: 他们喝不喝茶？ 그들은 차를 마셔요?
   Tāmen hē bu hē chá?

B: 他们喝茶。 그들은 차를 마셔요.
   Tāmen hē chá.

忙
máng
바쁘다

A: 他们忙不忙？ 그들은 바빠요?
   Tāmen máng bu máng?

B: 他们很忙。 그들은 바빠요.
   Tāmen hěn máng.

① A: 你是不是韩国人？ 당신은 한국인이에요?
   Nǐ shì bu shì Hánguórén?

  B: 我是韩国人。 나는 한국인이에요.
   Wǒ shì Hánguórén.

② A: 她在不在家？ 그녀는 집에 있어요?
   Tā zài bu zài jiā?

  B: 她在家。 그녀는 집에 있어요.
   Tā zài jiā.

③ A: 他胖不胖？ 그는 뚱뚱해요?
   Tā pàng bu pàng?

  B: 他很胖。 그는 뚱뚱해요.
   Tā hěn pàng.

□ 胖 ❷ 뚱뚱하다
   pàng

□ 难 ❷ 어렵다
   nán

④ A: 汉语难不难？ 중국어는 어려워요?
   Hànyǔ nán bu nán?

  B: 汉语不难。 중국어는 어렵지 않아요.
   Hànyǔ bù nán.

회화실력 쑥쑥~

🎧 천천히 읽기 06-09
🎧 빠르게 읽기 06-10
🎧 따라 읽기 06-11

Conversation

美珍 Měizhēn
니 취 날
你去哪儿？
Nǐ qù nǎr?

王明 Wáng Míng
워 취 투 슈 관
我去图书馆。
Wǒ qù túshūguǎn.

美珍 Měizhēn
투 슈 관 위엔 부 위엔
图书馆远不远？
Túshūguǎn yuǎn bu yuǎn?

王明 Wáng Míng
뿌 위엔   지오우 짜이 날
不远，就在那儿。
Bù yuǎn, jiù zài nàr.

美珍 Měizhēn
민 구오 짜이 날
民国在哪儿？
Mínguó zài nǎr?

🎧 한국어를 중국어로 06-12

미진 당신은 어디를 가요?
왕밍 도서관에 가요.
미진 도서관은 멀어요?
왕밍 멀지 않아요, 바로 저기에 있어요.
미진 민국이는 어디에 있어요?
왕밍 저도 잘 모르겠어요.

王明 Wáng Míng
워 이에 뿌 즈 따오
我也不知道*。
Wǒ yě bù zhīdào.

★ '알다 知道 zhīdao'의 두 번째 음절 '道 dào'는 원래 4성이나 회화에서는 습관적으로 'dao'를 경성으로 읽어줍니다. 그러나, 부정형인 '不知道 bù zhīdào'라고 할 때는 마지막 음절인 '道 dào'를 원 성조 그대로 4성으로 읽어야 합니다.

어휘표현

🎧 어휘 표현 06-08

去 [qù] 통 가다
远 [yuǎn] 형 멀다
那儿 [nàr] 대 그곳, 저곳, 저기

哪儿 [nǎr] 대 어디
就 [jiù] 부 바로, 곧
知道 [zhīdao] 통 알다

图书馆 [túshūguǎn] 명 도서관
在 [zài] 통 (~에) 있다 전 ~에서

01 'j, q, x + ü'가 결합할 때 ü 의 두 점은 생략

'~에 가다'를 의미하는 '去'는 'qù 취'로 발음해요. 이때 주의할 점은 'qù'는 'q + ü'가 결합한 것으로, 'ü' 의 두 점은 생략되어 'u'로 표기한 것이에요. 그러므로 표기 그대로 '추'로 발음해서는 안됩니다.
이처럼 'ü' 의 두 점을 생략하고 'u'로 표기하는 성모는 'j, q, x'가 있어요.
'j, q, x' 뒤에 'u' 가 있다면 'ü' 의 두 점은 생략된 것임을 꼭 기억하세요!

j + ün → jun (쥔)   x + üe → xue (쉬에)   q + üan → quan (취엔)

→ 'j, q, x' 이 외의 다른 성모와 ü 가 결합할 때는 두 점을 생략하지 않고 그대로 'ü' 를 써줍니다.

n + ü → nü (뉘)   l + ü → lü (뤼)

● 다음 병음을 큰소리로 정확하게 읽어보세요.

ü	jú	qù	xǔ
üe	jué	quē	xué
üan	juān	quàn	xuǎn
ün	jūn	qún	xùn

02 문장을 풍성하게 만드는 '부사'

'저기에 있어요'라는 문장에 '바로'라는 부사를 붙여 '바로 저기에 있어요'라고 표현하고, '기뻐요'라는 어휘에 '너무'라는 부사를 붙여 '너무 기뻐요'라고 표현한다면 문장이 더 화려해지고 풍성해지겠죠!!
이렇게 감초 역할을 하는 부사는 문장에 있어도 되고 없어도 될 때가 많지만 동사, 형용사 또는 다른 부사 등 앞에 놓여 더 자세하게 설명해주고 꾸며 주는 역할을 해요.

주어 + (부사) + 술어 + 목적어

图书馆　就　在　那儿。　도서관은 바로 저기에 있어요.
Túshūguǎn　jiù　zài　nàr.

● 그 동안 학습했던 부사를 정리해 보면 다음과 같습니다.

① 我很好。 나는 (매우) 잘 지내요 ▶ '정도'를 강조하는 부사
② 我不买书。 나는 책을 안 사요. ▶ '부정'을 나타내는 부사
③ 你家人都好吗? 당신 가족은 모두 잘 지내나요? ▶ '범위'를 나타내는 부사
④ 他们也都很好。 그들도 다 (매우) 잘 지내요.
▶ 부사가 여러 개 나올 경우는 일반적으로 우리말 어순대로 배열

내 귀에 쏙쏙~

내 귀에 쏙쏙 06-13

Listening

듣기 1 녹음을 듣고 녹음 내용과 일치하는 그림을 고르세요.

① ② ③

듣기 2 다음 A,B 에 공통으로 들어갈 운모를 고르세요.

① **A** sh   uang   uan   **B** g

② **A** q   ong   iong **B** x

③ **A** j   in   ing   **B** p

① A: 你去哪儿?
　　 Nǐ qù nǎr?

　 B: 我去学校。
　　 Wǒ qù xuéxiào.

당신은 어디에 가요?

나는 학교에 가요.

② A: 民国在哪儿?
　　 Mínguó zài nǎr?

　 B: 他在图书馆。
　　 Tā zài túshūguǎn.

민국은 어디에 있어요?

그는 도서관에 있어요.

③ A: 你去不去中国?
　　 Nǐ qù bu qù Zhōngguó?

　 B: 我去中国。
　　 Wǒ qù Zhōngguó.

당신은 중국에 가요?

나는 중국에 가요.

정답 : ① D　② B　③ A

① A sh　　uang　　uan　　B g

② A q　　ong　　iong　　B x

③ A j　　in　　ing　　B p

정답 : ① A shuāg B guàng　② A qiōng B xióng　③ A jīn B pín

쓰기 1 빈칸에 들어갈 알맞은 단어를 보기에서 고르세요.

보기
A 那儿 nàr   B 这儿 zhèr   C 哪儿 nǎr
D 不 bù   E 哪 nǎ

① 你去 _____ ?   당신은 어디에 가요?
　Nǐ qù _____ ?

② 他们在 _____ 在家?   그들은 집에 있어요?
　Tāmen zài _____ zài jiā?

③ 银行在 _____ 。   은행은 저기에 있어요.
　Yínháng zài _____ .

쓰기 2 주어진 단어를 어순에 맞게 배열하세요.

① 在　你　哪儿
　zài　nǐ　nǎr

　_____ ?   당신은 어디에 있어요?

② 远　不　图书馆　远
　yuǎn　bu　túshūguǎn　yuǎn

　_____ ?   도서관은 멀어요?

③ 学校　那儿　在　就
　xuéxiào　nàr　zài　jiù

　_____ 。   학교는 바로 저기에 있어요.

풀이노트 01

보기

- A 那儿 nàr
- B 这儿 zhèr
- C 哪儿 nǎr
- D 不 bù
- E 哪 nǎ

① 你去哪儿? 　　당신은 어디에 가요?
　 Nǐ qù nǎr?

② 他们在不在家? 　　그들은 집에 있어요?
　 Tāmen zài bu zài jiā?

③ 银行在那儿。 　　은행은 저기에 있어요.
　 Yínháng zài nàr.

풀이노트 02

① 你在哪儿? 　　당신은 어디에 있어요?
　 Nǐ zài nǎr?

② 图书馆远不远? 　　도서관은 멀어요?
　 Túshūguǎn yuǎn bu yuǎn?

③ 学校就在那儿。 　　학교는 바로 저기에 있어요.
　 Xuéxiào jiù zài nàr.

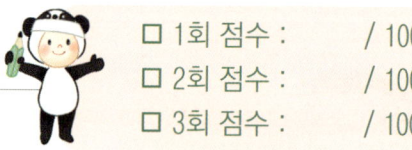

01 녹음을 듣고 성조를 표시하세요. (1문제 2.5점)

Test 15

① yin yue　　② peng you　　③ shou'er　　④ yuan

02 녹음을 듣고 다음 보기 중 해당하는 운모를 골라 써넣으세요. (1문제 2.5점)

Test 16

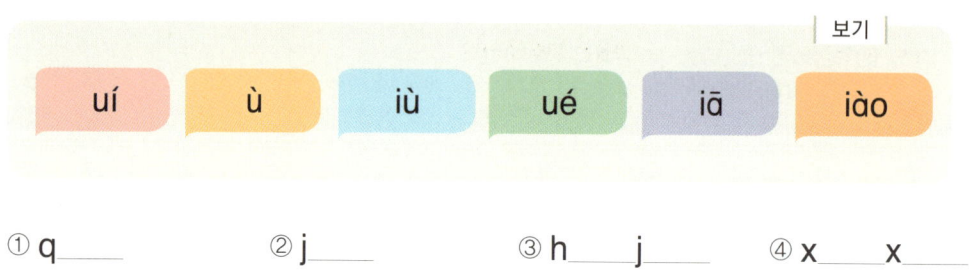

① q____　　② j____　　③ h____j____　　④ x____x____

03 다음 단어의 빈칸을 채우세요. (1문제 8점)

중국어	병음	뜻
① 哪儿		어디
②	qù	가다
③ 远		멀다
④ 知道	zhīdao	

04 다음 한국어는 한어병음으로 작문하고, 중국어는 한국어로 해석하세요. (1문제 8점)

① 도서관은 멀어요 안 멀어요?

▶ _____

② 그는 와요? 안 와요?

▶ _____

③ 我也不知道。

▶ _____

④ 就在那儿。

▶ _____

05 알맞은 대화의 짝을 찾아서 연결하세요. (1문제 4점)

① 学校大不大?　　·　　　　　　　·　我住首尔。

② 她去哪儿?　　　·　　　　　　　·　她回家。

③ 他们忙不忙?　　·　　　　　　　·　很大。

④ 你住哪儿?　　　·　　　　　　　·　他们很忙。

unit 06 문제 풀이

🔊 듣기

01 녹음을 듣고 성조를 표시하세요. (1문제 2.5점)

① yin yue

② peng you

③ shou'er

④ yuan

02 녹음을 듣고 다음 보기 중 해당하는 운모를 골라 써넣으세요. (1문제 2.5점)

① q____

② j____

③ h____ j____

④ x____ x____

📖 어휘

03 다음 단어의 빈칸을 채우세요. (1문제 8점)

중국어	병음	뜻
① 哪儿		어디
②	qù	가다
③ 远		멀다
④ 知道	zhīdao	

01

① yīnyuè
② péngyou
③ shǒu'ěr
④ yuǎn

02

① qù
② jiù
③ huí jiā
④ xué xiào

03

① 哪儿　nǎr　어디
▶ 이 문제를 틀렸을 경우에는 P.144를 다시 한번 확인 학습해 주세요.

② 去　qù　가다
▶ 이 문제를 틀렸을 경우에는 P.144를 다시 한번 확인 학습해 주세요.

③ 远　yuǎn　멀다
▶ 이 문제를 틀렸을 경우에는 P.145를 다시 한번 확인 학습해 주세요.

④ 知道　zhīdao　알다
▶ 이 문제를 틀렸을 경우에는 P.152를 다시 한번 확인 학습해 주세요.

✏️ 쓰기

04 다음 한국어는 한어병음으로 작문하고, 중국어는 한국어로 해석하세요.

(1문제 8점)

① 도서관은 멀어요 안 멀어요?

② 그는 와요? 안 와요?

③ 我也不知道。

④ 就在那儿。

회화

05 알맞은 대화의 짝을 찾아서 연결하세요.

(1문제 4점)

① 学校大不大?   · ·我住首尔。
② 她去哪儿?   · ·她回家。
③ 他们忙不忙?   · ·很大。
④ 你住哪儿?   · ·他们很忙。

04

① Túshūguǎn yuǎn bu yuǎn? (图书馆远不远?)
▶ 이 문제를 틀렸을 경우에는 P.145를 다시 한번 확인 학습해 주세요.

② Tā lái bu lái? (他来不来?)
▶ 이 문제를 틀렸을 경우에는 P.145를 다시 한번 확인 학습해 주세요.

③ 나도 잘 몰라요. (Wǒ yě bù zhīdào.)
▶ 이 문제를 틀렸을 경우에는 P.152를 다시 한번 확인 학습해 주세요.

④ 바로 저기에 있어요. (Jiù zài nàr.)
▶ 이 문제를 틀렸을 경우에는 P.152를 다시 한번 확인 학습해 주세요.

05

① 学校大不大? —— 我住首尔。
② 她去哪儿?   —— 她回家。
③ 他们忙不忙? —— 很大。
④ 你住哪儿?   —— 他们很忙。

① A: 学校大不大?   학교는 커요?
　 B: 很大。   학교는 커요.

② A: 她去哪儿?   그녀는 어디에 가요?
　 B: 她回家。   그녀는 집에 가요.

③ A: 他们忙不忙?   그들은 바빠요?
　 B: 他们很忙。   그들은 바빠요.

④ A: 你住哪儿?   당신은 어디에 살아요?
　 B: 我住首尔。   나는 서울에 살아요.

▶ 이 문제를 틀렸을 경우에는 P.149, P.151를 다시 한번 확인 학습해 주세요.

티엔티엔 생각펼치기 聊一聊

다양한 장소 어휘 익히기

🎧 생각펼치기 06-14

网吧 pc방
wǎngbā

饭馆儿/餐厅 음식점
fànguǎnr / cāntīng

公司 회사
gōngsī

医院 병원
yīyuàn

咖啡厅 카페(cafe)
kāfēitīng

书店 서점
shūdiàn

超市 수퍼마켓
chāoshì

学校 학교
xuéxiào

宿舍 기숙사
sùshè

邮局 우체국
yóujú

银行 은행
yínháng

公园 공원
gōngyuán

중국문화의 자랑과 긍지!

Q 퀴즈 다음 중 세계문화유산으로 지정된 문화재가 아닌 것은 어느 것일까요?

① 长城 - 만리장성

② 秦始皇陵 兵马俑 - 진시황릉 병마용

③ 杭州西湖 - 항주 서호

④ 圆明园 - 원명원

정답 : ④

중국은 현재 세계문화유산으로 지정된 문화재가 무려 50여개에 이른다고 하며 이탈리아에 이어 세계 두 번째로 문화유산을 많이 보유한 나라이기도 합니다. 세계문화유산으로 지정된 중국의 대표적인 문화유산으로는 우리나라 사람들도 많이 찾는 :
만리장성(长城), 진시황릉 병마용(兵马俑), 항주 서호(杭州西湖), 이화원(颐和园) 등이 있습니다.

① 만리장성 (长城)
창청 (만리장성, 长城)은 기원전 220년 진시황이 북방 민족의 침입에 대비하여 쌓기 시작한 것으로 그 후 명나라 시대까지 계속되어 완성되었어요. 창청(长城)은 세계에서 가장 장대한 규모의 군사건축물로 역사적, 전략적으로 중요한 성벽인 동시에 건축학적으로도 탁월한 고대 중국문명의 증거예요.

② 진시황릉 병마용 (秦始皇陵 兵马俑)
중국 산시성에 있는 진시황릉은 중국을 최초로 통일한 진시황(BC 259~BC 210)의 무덤이에요. 1974년에 발견된 이 유적지에는 아직도 발굴되지 않은 수많은 병마형상들이 남아있다고 해요. 무덤 안에 있었던 당시의 의복과 무기, 마구 등은 당시 시대를 알 수 있는 매우 귀중한 자료가 되었습니다.

③ 항주 서호 (杭州 西湖)
항저우 시후 (항주 서호, 杭州西湖)의 문화경관은 호수와 호수의 3면을 둘러싼 언덕의 분화경관으로 유명해요. 구름으로 뒤덮인 언덕으로 둘러싸인 풍경이 9세기부터 많은 시인들, 학자들, 예술가들에게 특별한 영감을 주는 장소가 되었다고 합니다.

④ 원명원 (圆明园)
위엔밍위엔 (원명원, 圆明园)은 베이징 교외의 이허위엔 동쪽에 위치한 청나라 황실정원이에요.

unit 07

他是谁?
Tā shì shéi?

〈동영상 강의〉

unit 07

〈오디오 강의〉

unit 7-1   unit 7-2

그는 누구예요?

알아두어야 할 학습 사항

중국어로 소유관계 표현하기

☐ 这是我的书。 Zhè shì wǒ de shū. 이것은 나의 책이에요.

☐ 我没有男朋友。 Wǒ méiyǒu nán péngyou. 저는 남자친구가 없어요.

2시간만에 끝내는 독학 Plan

	학습 항목	학습 시간	학습 체크	학습 메모
1	동영상 강의 또는 오디오 강의	15분	☐1회 ☐2회 ☐3회	
2	요것만은 꼭꼭 Point (166~169p)	15분	☐1회 ☐2회 ☐3회	
3	중국인 발음 따라잡기 (170~171p)	15분	☐1회 ☐2회 ☐3회	
4	실전처럼 술술 Speaking (172~175p)	15분	☐1회 ☐2회 ☐3회	
5	회화실력 쑥쑥 Conversation (176~177p)	15분	☐1회 ☐2회 ☐3회	
6	내 귀에 쏙쏙 Listening (178~179p)	15분	☐1회 ☐2회 ☐3회	
7	손으로 또박또박 Writing (180~181p)	15분	☐1회 ☐2회 ☐3회	
8	7과 필기시험 (182~185p)	30분	☐50점 미만 ☐51~80점 ☐81~100점	

50점 미만 unit 전체 1~2회 반복 학습
51점~80점 틀린 부분 다시 학습
81점~100점 다음 unit 진행 OK~!!

 요것만은 꼭꼭~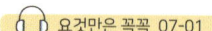

어법 1 '누구'를 뜻하는 의문대명사 '谁 shéi'

타　스　셰이
他 是 谁?
Tā shì shéi?

그는 누구예요?

'谁 shéi'는 우리말의 '누구'에 해당되는 표현으로 사람을 물을 때 사용해요. 다른 의문사와 마찬가지로 의문문을 만들 때 문장 끝에 '吗 ma'는 쓰지 않아요.

❶ A: 他 是 谁?
　　Tā shì shéi?
　　타　스　셰이

그는 누구예요?

　 B: 他 是 老师。
　　Tā shì lǎoshī.
　　타　스　라오스

그는 선생님이에요.

❷ A: 他们 是 谁?
　　Tāmen shì shéi?
　　타 먼　스　셰이

그들은 누구예요?

　 B: 他们 是 学生。
　　Tāmen shì xuésheng.
　　타 먼　스　쉬에성

그들은 학생이에요.

□ 学生 명 학생
xuésheng

어법 2 '~의'를 나타내는 '的 de'

쩌 스 타 더 셔우 지
这 是 他 的 手 机。
Zhè shì tā de shǒu jī.

이것은 그의 휴대폰이에요.

★ '的 de'의 포인트 하나

'的 de'는 '~의'란 뜻으로 명사 앞에서 '소유, 소속' 등을 나타내며, 수식어가 뒤의 중심어를 꾸며줄 때, 그 사이에 놓여 연결을 돕는 조사예요.

수식어 + 的 + 중심어

타   더   슈
他   的   书   그의 책
tā   de   shū

쩌 스 타 더 슈
这 是 他 的 书。   이것은 그의 책이에요.
Zhè shì tā de shū.

쩌 스 타 더 셔우 지
这 是 他 的 手机。   이것은 그의 휴대폰이에요.
Zhè shì tā de shǒujī.

☐ 手机 ❷ 휴대전화
   shǒujī

☐ 医生 ❷ 의사
   yīshēng

★ '的 de'의 포인트 둘

인칭대명사가 수식어로 쓰이고 중심어가 친구나 가족, 소속된 단체, 기관 등을 나타내는 명사일 때는 수식어와 중심어 사이의 '的de'는 생략할 수 있어요.

워   빠바   스   이성
我 (的) 爸爸 是 医生。   나의(내) 아버지는 의사예요. (가족)
Wǒ (de) bàba shì yīshēng.

워 먼   쉬에 샤오 헌 따
我们 (的) 学校 很 大。   우리 학교는 커요. (소속단체)
Wǒmen (de) xuéxiào hěn dà.

요것만은 꼭꼭~

요것만은 꼭꼭 07-02

Point

어법 3 '있다' 동사 '有 yǒu'

워 여우 난 펑여우
我 有 男 朋友。
Wǒ yǒu nán péngyou.

저는 남자친구가 있어요.

★ '有 yǒu'의 포인트 하나

동사 '有 yǒu'는 '~이 있다, ~을 가지고 있다'라는 의미로 소유를 나타내요. '有 yǒu'의 부정은 '不有 bù yǒu'가 아니라 '没有 méiyǒu(~이(가) 없다)'로 써야 합니다.

☐ 男朋友
  nán péngyou
  명 남자친구

☐ 车 명 차
  chē

☐ 弟弟 명 남동생
  dìdi

워 여우 난 펑여우
我 有 男 朋友。
Wǒ yǒu nán péngyou.

저는 남자친구가 있어요.

워 메이여우 쳐
我 没有 车。
Wǒ méiyǒu chē.

저는 차가 없어요.

니 여우 띠디 마
A: 你 有 弟弟 吗?
   Nǐ yǒu dìdi ma?

당신은 남동생이 있어요?

워 여우 띠디
B: 我 有 弟弟。
   Wǒ yǒu dìdi.

저는 남동생이 있어요.

★ '有 yǒu'의 포인트 둘

'有 yǒu'의 부정형은 '没有 méiyǒu'이므로 정반의문문은 '有没有 yǒu méiyǒu'로 질문해야 합니다.

① A: 你 有 没有 弟弟? 당신은 남동생이 있어요?
   니 여우 메이여우 띠디
   Nǐ yǒu méiyǒu dìdi?

   B: 我 没有 弟弟。 저는 남동생이 없어요.
   워 메이여우 띠디
   Wǒ méiyǒu dìdi.

② A: 你 有 没有 雨伞? 당신은 우산이 있어요?
   니 여우 메이여우 위싼
   Nǐ yǒu méiyǒu yǔsǎn?

   B: 我 有 雨伞。 저는 우산이 있어요.
   워 여우 위싼
   Wǒ yǒu yǔsǎn.

□ 雨伞 명 우산
  yǔsǎn

중국인 발음 따라잡기

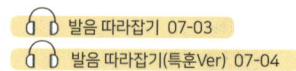

 녹음을 듣고 [결합운모 / 권설운모 + 성모] 결합에 주의하여 읽어보세요.

	üe　　üan　　ün　　er		
üe	xuě 雪 눈	quē 缺 부족하다	yuè 月 달, 월
üan	quàn 劝 권하다	juān 捐 기부하다	yuǎn 远 멀다
ün	jūn 军 군인	qún 群 무리, 떼	yún 云 구름
er		ěr 耳 귀	èr 二 숫자 이, 2

 다음 제시된 단어를 성조결합에 주의하여 읽어보세요.

	1성	2성	3성	4성	경성
1성	jīntiān 今天 오늘	gōngyuán 公园 공원	qiānbǐ 铅笔 연필	gōngzuò 工作 일(하다)	māma 妈妈 어머니
2성	qiánbāo 钱包 지갑	tóngxué 同学 학우	cídiǎn 词典 사전	xuéxiào 学校 학교	péngyou 朋友 친구
3성	shǒujī 手机 휴대 전화	yǔyán 语言 언어	shǒubiǎo 手表 손목시계	nǔlì 努力 열심히 하다	wǎnshang 晚上 저녁
4성	miànbāo 面包 빵	dàxué 大学 대학	diànyǐng 电影 영화	shàng kè 上课 수업하다	xièxie 谢谢 감사합니다

 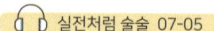 

실전처럼 술술~

01 보기와 같이 단어와 문형을 연습하세요.

> 보기
>
> 我 + 书
> wǒ shū
>
> 这是我的书。
> Zhè shì wǒ de shū.

①
老师 + 本子
lǎoshī   běnzi
선생님   노트

②
弟弟 + 书包
dìdi   shūbāo
남동생 책가방

③
他 + 手机
tā   shǒujī
그   휴대폰

> 보기
>
> 我 + 弟弟
> wǒ dìdi
>
> A: 他是谁？
>   Tā shì shéi?
>
> B: 他是我(的)弟弟。
>   Tā shì wǒ (de) dìdi.

①
我 + 爱人
wǒ   àirén
나   남편(아내)

②
我 + 爷爷
wǒ   yéye
나   할아버지

③
我 + 朋友
wǒ   péngyou
나   친구

풀이노트 01

🎧 듣고 말하기 훈련용 07-06

我 + 书
wǒ shū
나 + 책

这是**我的书**。
Zhè shì wǒ de shū.
이것은 나의 책이에요.

① 这是**老师的本子**。
Zhè shì lǎoshī de běnzi.
이것은 선생님의 노트예요.

② 这是**弟弟的书包**。
Zhè shì dìdi de shūbāo.
이것은 남동생의 책가방이에요.

③ 这是**他的手机**。
Zhè shì tā de shǒujī.
이것은 그의 휴대폰이에요.

☐ 书包 ⑲ 책가방
shūbāo

☐ 爱人 ⑲ 아내, 남편
àirén

☐ 朋友 ⑲ 친구
péngyou

我 + 弟弟
wǒ dìdi
나 + 남동생

A: 他是谁？
Tā shì shéi?
그는 누구예요?

B: 他是**我(的)弟弟**。
Tā shì wǒ (de) dìdi.
그는 내 남동생이에요.

① A: 他(她)是谁？
Tā(tā) shì shéi?
그(그녀)는 누구예요?

B: 他(她)是**我(的)爱人**。
Tā(tā) shì wǒ (de) àirén.
그(그녀)는 내 남편(아내)이에요.

② A: 他是谁？
Tā shì shéi?
그는 누구예요?

B: 他是**我(的)爷爷**。
Tā shì wǒ (de) yéye.
그는 나의 할아버지예요.

③ A: 他是谁？
Tā shì shéi?
그는 누구예요?

B: 他是**我(的)朋友**。
Tā shì wǒ (de) péngyou.
그는 나의 친구예요.

 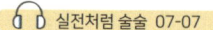 

실전처럼 술술~

02 보기와 같이 단어와 문형을 연습하세요

> 보기
>
> 姐姐
>
> A: 你有姐姐吗?
> Nǐ yǒu jiějie ma?
>
> B: 我有姐姐。(我没有姐姐。)
> Wǒ yǒu jiějie. (Wǒ méiyǒu jiějie.)

①

自行车
zìxíngchē
자전거

A: 她们有自行车吗?
Tāmen yǒu zìxíngchē ma?

B: 她们_____。
Tāmen _____.

②

中国朋友
Zhōngguó péngyou
중국친구

A: 你有没有中国朋友?
Nǐ yǒu méiyǒu Zhōngguó péngyou?

B: 我_____。
Wǒ _____.

③

钱
qián
돈

A: 她有没有钱?
Tā yǒu méiyǒu qián?

B: 她_____。
Tā _____.

풀이노트 02 듣고 말하기 훈련용 07-08

姐姐	A: 你有姐姐吗？ 당신은 누나(언니)가 있어요?
누나(언니)	Nǐ yǒu jiějie ma?
	B: 我有姐姐。(我没有姐姐。)
	Wǒ yǒu jiějie. (Wǒ méiyǒu jiějie.)
	나는 누나(언니)가 있어요.(나는 누나(언니)가 없어요.)

① A: 她们有自行车吗？　　그녀들은 자전거가 있어요?
　　　Tāmen yǒu zìxíngchē ma?

　　B: 她们有自行车。　　　그녀들은 자전거가 있어요.
　　　Tāmen yǒu zìxíngchē.

② A: 你有没有中国朋友？　당신은 중국친구가 있어요?
　　　Nǐ yǒu méiyǒu Zhōngguó péngyou?

　　B: 我有中国朋友。　　　나는 중국친구가 있어요.
　　　Wǒ yǒu Zhōngguó péngyou.

③ A: 她有没有钱？　　　　그녀는 돈이 있어요?
　　　Tā yǒu méiyǒu qián?

　　B: 她没有钱。　　　　　그녀는 돈이 없어요.
　　　Tā méiyǒu qián.

☐ 自行车　자전거
　zìxíngchē

☐ 中国朋友
　Zhōngguó péngyou
　중국친구

☐ 钱　돈
　qián

unit 07 他是谁？Tā shì shéi? 175

회화실력 쑥쑥~

🎧 천천히 읽기 07-10
🎧 빠르게 읽기 07-11
🎧 따라 읽기 07-12

 Conversation

小东 Xiǎodōng
타 스 셰이
他是谁?
Tā shì shéi?

美娜 Měinà
타 스 워 띠디
他是我弟弟。
Tā shì wǒ dìdi.

小东 Xiǎodōng
쪄 스 셰이 더 셔우 지
这是谁的手机?
Zhè shì shéi de shǒujī?

美娜 Měinà
쪄 스 타 더 셔우 지
这是他的手机。
Zhè shì tā de shǒujī.

小东 Xiǎodōng
니 여우 메이 여우 난 펑 여우
你有没有男朋友?
Nǐ yǒu méiyǒu nán péngyou?

美娜 Měinà
워 메이 여우 난 펑 여우
我没有男朋友*。
Wǒ méiyǒu nán péngyou.

🎧 한국어를 중국어로 07-13

샤오동   그는 누구예요?
미 나   내 남동생이에요.
샤오동   이것은 누구의 휴대폰이에요?
미 나   이것은 그의 휴대폰이에요.
샤오동   당신은 남자친구가 있어요?
미 나   저는 남자친구가 없어요.

 ★ 여자친구는 '女朋友 nǚ péngyou'라고 해요.

🏛 어휘표현

🎧 어휘 표현 07-09

谁 [shéi] 대 누구, 누가
手机 [shǒujī] 명 휴대전화
男朋友 [nán péngyou] 명 남자친구(애인)

弟弟 [dìdi] 명 남동생
有 [yǒu] 동 ~이(가) 있다

的 [de] 조 ~의 (한)
没有 [méiyǒu] 동 ~이(가) 없다

01 지금까지 학습한 중국어의 다양한 의문문을 살펴볼까요?

● **가장 일반적인 '吗 ma 의문문'**

가장 일반적인 의문문 형태로 평서문 뒤에 '~입니까?'에 해당하는 '吗 ma'를 붙여 의문문을 만들어요.

你吃饭吗? 너 밥 먹니?
Nǐ chī fàn ma?

他高兴吗? 그는 즐겁니?
Tā gāoxìng ma?

● **구체적으로 콕 집어서 물어보는 '의문사 의문문'**

'무엇, 어디' 등의 의문사를 사용하는 의문문이에요. 영어에서는 의문사가 문장 처음에 나오지만, 중국어에서는 어순의 변화 없이 묻고 싶은 내용이 들어갈 위치에 의문사를 넣어주면 됩니다.

무엇 **什么**
A: 你喝什么? 당신은 무엇을 마셔요?
　　Nǐ hē shénme?
B: 我喝咖啡。 나는 커피를 마셔요.
　　Wǒ hē kāfēi.

어디 **哪儿**
A: 你去哪儿? 당신은 어디에 가요?
　　Nǐ qù nǎr?
B: 我去图书馆。 나는 도서관에 가요.
　　Wǒ qù túshūguǎn.

어느 **哪**
A: 你是哪国人?
　　Nǐ shì nǎ guó rén?
　　당신은 어느 나라 사람이에요?
B: 我是中国人。 나는 중국인이에요.
　　Wǒ shì Zhōngguórén.

누구 **谁**
A: 他是谁? 그는 누구예요?
　　Tā shì shéi?
B: 他是我弟弟。
　　Tā shì wǒ dìdi.
　　그는 내 남동생이에요.

● **긍정과 부정을 번갈아 물어보는 '정반의문문'**

정반의문문은 우리말의 '가니 안 가니?' '먹니 안 먹니?'와 같이 술어의 긍정과 부정을 나란히 나열하는 의문문 형식이에요. 그 의미는 '吗 ma 의문문'과 같고 정반의문문에 사용되는 '不 bu'는 가볍게 경성으로 발음하면 됩니다.

정반의문문, 의문사 의문문 모두 '吗 ma'를 따로 붙이지 않는다는 점도 중요한 특징 중에 하나예요.

你忙不忙? Nǐ máng bu máng? 당신은 바빠요 안 바빠요?

내 귀에 쏙쏙~

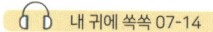

듣기 1 녹음을 듣고 녹음 내용과 일치하는 그림을 고르세요.

① ② ③

A B C D

듣기 2 다음 A, B 에 공통으로 들어갈 운모를 고르세요.

① A j____   u   i   B q____

② A x____   ian   uan   B j____

③ A l____   ü   u   B n____

풀이노트 01

① 这是我的手机 이것은 나의 휴대폰이에요.
　Zhè shì wǒ de shǒujī.

② 他有女朋友。 그는 여자 친구가 있어요.
　Tā yǒu nǚ péngyou.

③ 我没有弟弟。 나는 남동생이 없어요.
　Wǒ méi yǒu dìdi.

정답: ① B　② C　③ D

풀이노트 02

① **A** j ⓤ i　**B** q

② **A** x ian ⓤan　**B** j

③ **A** l ⓤ u　**B** n

정답: ① A jū B qù　② A xuàn B juán　③ A lǜ B nǚ

unit 07 他是谁？Tā shì shéi? 179

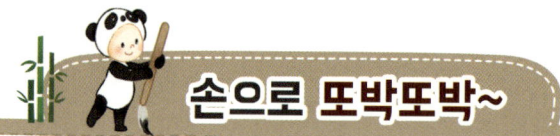 

쓰기 1
빈칸에 들어갈 알맞은 단어를 보기에서 고르세요.

보기
- A 不 bù
- B 没有 méiyǒu
- C 的 de
- D 谁 shéi
- E 什么 shénme

① 他们 _____ 钱。 그들은 돈이 없어요.
Tāmen _____ qián.

② 这是我 _____ 电脑。 이것은 나의 컴퓨터예요.
Zhè shì wǒ _____ diànnǎo.

③ 他是 _____ ? 그는 누구예요?
Tā shì _____ ?

쓰기 2
주어진 단어를 어순에 맞게 배열하세요.

① 有 / 你 / 没有 / 男朋友
yǒu / nǐ / méiyǒu / nán péngyou

_____ ? 당신은 남자친구가 있나요?

② 是 / 谁的 / 这 / 手机
shì / shéi de / zhè / shǒujī

_____ ? 이것은 누구의 휴대폰이에요?

③ 是 / 他 / 弟弟 / 我
shì / tā / dìdi / wǒ

_____ 。 그는 내 남동생이에요.

풀이노트 01

| 보기 |

- A 不 bù
- B 没有 méiyǒu
- C 的 de
- D 谁 shéi
- E 什么 shénme

① 他们没有钱。   그들은 돈이 없어요.
Tāmen méiyǒu qián.

② 这是我的电脑。   이것은 나의 컴퓨터예요.
Zhè shì wǒ de diànnǎo.

③ 他是谁?   그는 누구예요?
Tā shì shéi?

풀이노트 02

① 你有没有男朋友?   당신은 남자친구가 있나요?
Nǐ yǒu méiyǒu nán péngyou?

② 这是谁的手机?   이것은 누구의 휴대폰이에요?
Zhè shì shéi de shǒujī?

③ 他是我弟弟。   그는 내 남동생이에요.
Tā shì wǒ dìdi.

unit 07
필기시험

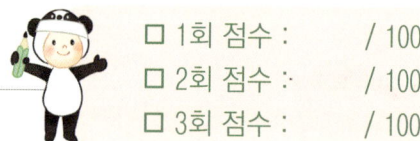

▶ 반복 재시험은 CD안의 재시험용 PDF 파일을 활용하세요~

듣기 01 Test 17 녹음을 듣고 빈칸에 알맞은 한어병음을 쓰세요. (1문제 3점)

① y_____ s_____   ② z_____ x_____ ch_____

③ _____ei   ④ q_____

듣기 02 Test 18 녹음을 듣고 성조를 표시하세요. (1문제 3점)

① 弟弟 — didi   ② 爷爷 — yeye

③ 男朋友 — nan pengyou   ④ 大 — da

어휘 03 다음 단어의 빈칸을 채우세요. (1문제 5점)

중국어	병음	뜻
① 的		~의
②	méiyǒu	없다
③ 钱		돈
④ 手机		휴대전화

04 다음 문장을 바르게 고치세요. (1문제 8점)

① 我不有书。 나는 책이 없어요.

▶ _____

② 这是我手机。 이것은 나의 휴대폰이에요.

▶ _____

③ 他是谁吗？ 그는 누구예요?

▶ _____

④ 你有没有钱吗？ 당신은 돈이 있어요? 없어요?

▶ _____

05 알맞은 대화의 짝을 찾아서 연결하세요. (1문제 6점)

① 他是谁？　　　　　·　　　　　· 她有姐姐。

② 你有没有弟弟？　·　　　　　· 这是老师的手机。

③ 她有姐姐吗？　　·　　　　　· 我没有弟弟。

④ 这是谁的手机？　·　　　　　· 他是我爸爸。

unit 07 문제 풀이

📢 듣기

01 녹음을 듣고 빈칸에 알맞은 한어병음을 쓰세요. (1문제 3점)

① y____s____
② z____ x____ ch____
③ ____ei
④ q____

02 녹음을 듣고 성조를 표시하세요.
(1문제 3점)

① 弟弟 — didi
② 爷爷 — yeye
③ 男朋友 — nan pengyou
④ 大 — da

📖 어휘

03 다음 단어의 빈칸을 채우세요. (1문제 5점)

중국어	병음	뜻
① 的		~의
②	méiyǒu	없다
③ 钱		돈
④ 手机		휴대전화

01

① yīshēng
▶ 이 문제를 틀렸을 경우에는 P.166를 다시 한번 확인 학습해 주세요.

② zìxíngchē
▶ 이 문제를 틀렸을 경우에는 P.174를 다시 한번 확인 학습해 주세요.

③ shéi
▶ 이 문제를 틀렸을 경우에는 P.167를 다시 한번 확인 학습해 주세요.

④ qián
▶ 이 문제를 틀렸을 경우에는 P.174를 다시 한번 확인 학습해 주세요.

02

① dìdi
▶ 이 문제를 틀렸을 경우에는 P.167를 다시 한번 확인 학습해 주세요.

② yéye
▶ 이 문제를 틀렸을 경우에는 P.172를 다시 한번 확인 학습해 주세요.

③ nán péngyou
▶ 이 문제를 틀렸을 경우에는 P.168를 다시 한번 확인 학습해 주세요.

④ dà
▶ 이 문제를 틀렸을 경우에는 P.166를 다시 한번 확인 학습해 주세요.

03

① 的   de   ~의
▶ 이 문제를 틀렸을 경우에는 P.166를 다시 한번 확인 학습해 주세요.

② 没有   méiyǒu   없다
▶ 이 문제를 틀렸을 경우에는 P.168를 다시 한번 확인 학습해 주세요.

③ 钱   qián   돈
▶ 이 문제를 틀렸을 경우에는 P.174를 다시 한번 확인 학습해 주세요.

④ 手机   shǒujī   휴대전화
▶ 이 문제를 틀렸을 경우에는 P.166를 다시 한번 확인 학습해 주세요.

쓰기

04 다음 문장을 바르게 고치세요. (1문제 8점)

① 我不有书。 나는 책이 없어요.

② 这是我手机。
  이것은 나의 휴대폰이에요.

③ 他是谁吗? 그는 누구예요?

④ 你有没有钱吗?
  당신은 돈이 있어요? 없어요?

04

① 我不有书。 → 我没有书。 나는 책이 없어요.
▶ 이 문제를 틀렸을 경우에는 P.168를 다시 한번 확인 학습해 주세요.

② 这是我手机。 → 这是我的手机。 이것은 나의 휴대폰이에요.
▶ 이 문제를 틀렸을 경우에는 P.166를 다시 한번 확인 학습해 주세요.

③ 他是谁吗? → 他是谁? 그는 누구예요?
▶ 이 문제를 틀렸을 경우에는 P.167를 다시 한번 확인 학습해 주세요.

④ 你有没有钱吗? → 你有没有钱? 당신은 돈이 있어요? 없어요?
▶ 이 문제를 틀렸을 경우에는 P.175를 다시 한번 확인 학습해 주세요.

회화

05 알맞은 대화의 짝을 찾아서 연결하세요. (1문제 6점)

① 他是谁? · · 她有姐姐。
② 你有没有弟弟? · · 这是老师的手机。
③ 她有姐姐吗? · · 我没有弟弟。
④ 这是谁的手机? · · 他是我爸爸。

05

① 他是谁? — 他是我爸爸。
② 你有没有弟弟? — 我没有弟弟。
③ 她有姐姐吗? — 她有姐姐。
④ 这是谁的手机? — 这是老师的手机。

① A: 他是谁? 그는 누구예요?
   B: 他是我爸爸。 그는 우리 아빠예요.

② A: 你有没有弟弟? 당신은 남동생이 있어요?
   B: 我没有弟弟。 나는 남동생이 없어요.

③ A: 她有姐姐吗? 그녀는 언니가 있어요?
   B: 她有姐姐。 그녀는 언니가 있어요.

④ A: 这是谁的手机? 이것은 누구의 휴대폰이에요?
   B: 这是老师的手机。 이것은 선생님의 휴대폰이에요.
▶ 이 문제를 틀렸을 경우에는 P.173, P.175를 다시 한번 확인 학습해 주세요.

티엔티엔 생각펼치기

聊一聊

나의 소유(사람, 사물)

생각펼치기 07-15

我有 _____。　　Wǒ yǒu _____.

我没有 _____。　　Wǒ méiyǒu _____.

自行车
zìxíngchē
자전거

空调
kōngtiáo
에어컨

笔记本电脑
bǐjìběn diànnǎo
노트북 컴퓨터

老朋友
lǎo péngyou
오랜 친구, 친한 친구

老公/丈夫
lǎogōng/zhàngfu
남편

老婆/妻子
lǎopó/qīzi
아내

同学
tóngxué
같은 반 친구 (학우)

同事
tóngshì
동료

随行杯
suíxíngbēi
텀블러

중국한자와 한국한자의 의미가 다르다?

중국과 한국은 모두 같은 한자 문화권인데 중국한자와 한국한자의 의미가 다르다?
이 질문에 모두 의아해 하겠지만… Yes! 맞습니다!!
물론 대부분의 한자는 한국의 한자나 중국의 한자가 같은 뜻을 나타내지만 같은 모양을 띠면서 전혀 다른 의미를 가진 한자도 많습니다. 예를 들면,

爱人 (àiren, 아이런)

한국에서는 '애인'이라는 뜻이지만 중국에서는 '아내 혹은 남편'이라는 뜻입니다.
중국인이 '이 사람은 내 爱人이에요'라고 한다면 …
아~ 이들은 부부구나!! 라고 생각해야 합니다.
중국어로 애인은 男朋友(nán péngyou), 女朋友(nǚ péngyou) 혹은 결혼할 상대를 말하는 对象(duìxiàng)이라고 해요!

点心 (diǎnxin, 디엔 신)

한국에서는 '점심'이라는 뜻이지만, 중국에서 '点心'은 케이크, 과자 같은 간식을 말합니다. 대신 중국에서 점심은 '午饭(wǔfàn)'으로 말합니다.
우리 '点心' 먹을까? 라고 중국친구가 이야기 했다면 거창한 점심으로 오해하지 않도록!!

放心 (fàng xīn, 팡 신)

한국에서는 '방심'은 주로 마음을 다 잡지 않고 풀어 놓아 버린 상태를 말합니다. 방심하지 마세요!! 방심은 금물이야!라고 얘기하지요.
그러나 중국어에서 '放心'은 '안심하다'의 뜻으로 걱정하고 근심하는 상대방에게 '你放心吧!(Nǐ fàng xīn ba!)'라고 얘기하면 '걱정 마세요! 안심하세요!'라는 따뜻한 표현이랍니다.

小心 (xiǎoxīn, 샤오 신)

한국에서는 '소심', 즉 도량이 좁음을 나타내지만, 중국어에서 '小心'은 '조심하다, 주의하다'라는 뜻입니다. '조심하세요!'라는 상대방의 당부를 '소심하다'라는 뜻으로 오해하지 않도록 주의하세요!

unit 08

你家有几口人？
Nǐ jiā yǒu jǐ kǒu rén?

〈동영상 강의〉　　〈오디오 강의〉

unit 08

unit 8-1

unit 8-2

당신 가족은 몇 명이에요?

알아두어야 할 학습 사항

중국어로 가족 수와 구성원 묻기

☐ 你家有几口人？ Nǐ jiā yǒu jǐ kǒu rén? 당신 가족은 몇 명이에요?

2시간만에 끝내는 독학 Plan

	학습 항목	학습 시간	학습 체크	학습 메모
1	동영상 강의 또는 오디오 강의	15분	☐1회 ☐2회 ☐3회	
2	요것만은 꼭꼭 Point (190~193p)	15분	☐1회 ☐2회 ☐3회	
3	실전처럼 술술 Speaking (194~197p)	15분	☐1회 ☐2회 ☐3회	
4	회화실력 쑥쑥 Conversation (198~199p)	15분	☐1회 ☐2회 ☐3회	
5	내 귀에 쏙쏙 Listening (200~201p)	15분	☐1회 ☐2회 ☐3회	
6	손으로 또박또박 Writing (202~203p)	15분	☐1회 ☐2회 ☐3회	
7	08과 필기시험 (204~207p)	30분	☐50점 미만 ☐51~80점 ☐81~100점	

50점 미만 unit 전체 1~2회 반복 학습
51점~80점 틀린 부분 다시 학습
81점~100점 다음 unit 진행 OK~!!

 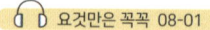 

요것만은 꼭꼭~

어법 1. 중국어로 숫자 세기

一, 二, 三　　　1, 2, 3
yī　èr　sān
(이) (얼) (싼)

0	1	2	3	4	5	6	7	8	9	10
零	一	二	三	四	五	六	七	八	九	十
líng	yī	èr	sān	sì	wǔ	liù	qī	bā	jiǔ	shí
링	이	얼	싼	쓰	우	리오우	치	빠	지오우	스

★ 숫자 읽기 포인트 〔하나〕

우리말과 같이 숫자를 소리 나는 대로 하나씩 읽어줍니다.

| 8 | 八 (빠) | bā | 25 | 二十五 (얼 스 우) | èr shí wǔ |
| 11 | 十一 (스 이) | shí yī | 47 | 四十七 (쓰 스 치) | sì shí qī |

★ 숫자 읽기 포인트 〔둘〕

숫자 '一 yī'는 원래 성조가 1성이나 상황에 따라 2성, 4성으로 발음해요.

숫자 '一[yī]'의 성조 변화

① 본래의 성조인 **제1성**으로 발음하는 경우
　'一 yī'가 단독으로 쓰이거나, 제 1, 첫 번째 등의 서수로 쓰일 때
　　yī (一) 일　　　　　　　dìyī (第一) 첫 번째

② **제4성**으로 발음하는 경우
　'一 yī'가 제1, 2, 3성 앞에 놓일 때
　　yì tiān (一天) 하루　　yì nián (一年) 일 년　　yì qǐ (一起) 함께

③ **제2성**으로 발음하는 경우
　'一 yī'가 제4성 혹은 제4성이 변한 경성 앞에 놓일 때
　　yí xià (一下) (한번) ~해보다　　yí ge (一个) 한 개

★ 'ge(个)'는 원래 4성 (gè)이지만 개수를 셀 때는 경성으로 쓰여요.

어법 2 '권, 개, 명' 등 사람이나 사물을 세는 '양사'

> 워 마이 이 번 슈
> 我 买 一 本 书。
> Wǒ mǎi yì běn shū.
>
> 나는 한 권의 책을 사요.

'빵 한 개, 커피 한 잔'에서 '개, 잔' 등은 빵과 커피를 세는 단위로 이를 '양사'라고 해요.

★ 양사 포인트 하나

우리말의 어순은 '커피 한 잔'이지만 중국어는 '한 잔 커피'로 **수사(숫자) + 양사**가 명사 앞에 위치해요. 또한 양사 없이 수사가 직접 명사와 결합할 수 없고 그 사이에 반드시 양사를 써야 합니다.

> 수사 + 양사 + 명사

□ 个 ge
⊙ 개, 명(사람과 사물을 모두 셀 수 있는 가장 광범위하게 쓰이는 양사)

□ 苹果 ⊙ 사과
píngguǒ

□ 本 ⊙ 권
běn

□ 杯 ⊙ 컵, 잔
bēi

□ 啤酒 ⊙ 맥주
píjiǔ

	一 yí	个 ge	面包 miànbāo
워 여우 我 有 Wǒ yǒu	이 一 yí	거 个 ge	메이 메이 妹妹。 mèimei.
타 츠 她 吃 Tā chī	싼 三 sān	거 个 ge	핑 구오 苹果。 píngguǒ.
워 칸 我 看 Wǒ kàn	스 十 shí	번 本 běn	슈 书。 shū.

빵 한 개
나는 여동생이 한 명 있어요.
그녀는 사과 세 개를 먹어요.
나는 책 열 권을 봐요.

★ 양사 포인트 둘

숫자 '2(二) èr'가 양사 앞에 단독으로 쓰일 경우, '二 èr' 대신 '两 liǎng'을 써야 해요. 만약 2가 단독으로 쓰이지 않고 여러 자리 수 중 마지막 단위에 올 때는 '二'을 씁니다.

> 타 허 량 베이 피 지우
> 他 喝 两 杯 啤酒。
> Tā hē liǎng bēi píjiǔ.
>
> 그는 맥주 두 잔을 마셔요.

> 워 마이 싼스얼 번 슈
> 我 买 三十二 本 书。
> Wǒ mǎi sān shí'èr běn shū.
>
> 나는 책 서른 두 권을 사요.

 **요것만은 꼭꼭~** 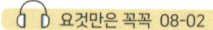 요것만은 꼭꼭 08-02  Point

어법 3 수를 묻는 '몇 几 jǐ'

니 마이 지 번 슈
你 买 几 本 书?
Nǐ mǎi jǐ běn shū?

당신은 몇 권의 책을 사요?

'几 jǐ'는 '몇'이라는 뜻을 나타내며, 주로 10 미만의 적은 수량을 물을 때 사용해요.
'几 jǐ'도 의문문을 만들기 때문에 문장 끝에 '吗 ma'를 붙이지 않습니다.

几 + 양사 + 명사

几 本 书 몇 권의 책
jǐ běn shū

니 마이 지 번 슈
A: 你 买 几 本 书?   당신은 몇 권의 책을 사요?
   Nǐ mǎi jǐ běn shū?

워 마이 이 번 슈
B: 我 买 一 本 书。   저는 책 한 권을 사요.
   Wǒ mǎi yì běn shū.

타 츠 지 거 빠오즈
A: 他 吃 几 个 包子?   그는 몇 개의 (찐)만두를 먹어요?
   Tā chī jǐ ge bāozi?

□ 包子 명 (찐)만두
   bāozi

타 츠 량 거 빠오즈
B: 他 吃 两 个 包子。   그는 (찐)만두 두 개를 먹어요.
   Tā chī liǎng ge bāozi.

어법 4 가족 수, 가족 구성원 묻기

니 쟈 여우 지 커우 런
你 家 有 几 口 人? 당신의 가족은 몇 명이에요?
Nǐ jiā yǒu jǐ kǒu rén?

가족 수는 '몇'을 나타내는 '几 jǐ'로 물어보고, 이에 대한 대답은 '几 jǐ' 자리에 가족 수를 넣어 대답합니다.

또한 사람을 세는 양사는 일반적으로 '명'에 해당하는 '个 ge'이지만, 가족 수를 물을 때는 같이 밥을 먹는 식구라는 의미에서, 밥을 먹을 때 사용하는 '口 kǒu(입)'를 양사로 사용해요.

가족 수 묻기

□ 家 ❷ 집, 가정
　jiā

□ 口
　kǒu
　❷ 식구를 세는 양사

□ 和 ❷ ~과(와)
　hé

니 쟈 여우 지 커우 런
A: 你 家 有 几 口 人? 　　당신의 가족은 몇 명이에요?
　　Nǐ jiā yǒu jǐ kǒu rén?

워 쟈 여우 쓰 커우 런
B: 我 家 有 四 口 人。　　우리 가족은 네 식구예요.
　　Wǒ jiā yǒu sì kǒu rén.

가족 구성원을 물을 때는 '什么人 shénme rén'으로 질문해요. 대답은 가족을 순서대로 배열하고 자신은 '~과(와)'에 해당하는 접속사 '和 hé'와 함께 맨 마지막에 소개합니다.

가족 구성원 묻기

니 쟈 떠우 여우 션 머 런
A: 你 家 都 有 什么 人? 　　당신 가족은 어떻게 돼요?
　　Nǐ jiā dōu yǒu shénme rén?

빠바 마마 띠디 허 워
B: 爸爸、妈妈、弟弟 和 我。 아버지, 어머니, 남동생 그리고 제가 있어요.
　　Bàba、māma、dìdi hé wǒ.

실전처럼 술술~

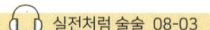 

01 보기와 같이 단어와 문형을 연습하세요.

> 보기
>
> 三本书
> sān běn shū
>
> A: 你买几本书?
> Nǐ mǎi jǐ běn shū?
>
> B: 我买三本书。
> Wǒ mǎi sān běn shū.

①  两 liǎng

中国朋友（个）
Zhōngguó péngyou (ge)
중국친구

A: 你有几个中国朋友?
Nǐ yǒu jǐ ge Zhōngguó péngyou?

B: 我有 _____。
Wǒ yǒu _____.

②  三 sān

汉语书（本）
Hànyǔ shū (běn)
중국어 책

A: 他有几本汉语书?
Tā yǒu jǐ běn Hànyǔ shū?

B: 他有 _____。
Tā yǒu _____.

③  一 yī

面包（个）
miànbāo (ge)

A: 他吃几个面包?
Tā chī jǐ ge miànbāo?

B: 他吃 _____。
Tā chī _____.

④  五 wǔ

咖啡（杯）
kāfēi (bēi)

A: 她们喝几杯咖啡?
Tāmen hē jǐ bēi kāfēi?

B: 她们喝 _____。
Tāmen hē _____.

풀이노트 01

三本书
sān běn shū
세 권의 책

A: 你买几本书?　당신은 몇 권의 책을 사요?
　　Nǐ mǎi jǐ běn shū?

B: 我买三本书。　나는 책 세 권을 사요.
　　Wǒ mǎi sān běn shū.

① A: 你有几个中国朋友?　당신은 몇 명의 중국친구가 있어요?
　　　Nǐ yǒu jǐ ge Zhōngguó péngyou?

　 B: 我有两个中国朋友。　나는 중국친구가 두 명 있어요.
　　　Wǒ yǒu liǎng ge Zhōngguó péngyou.

② A: 他有几本汉语书?　그는 몇 권의 중국어 책이 있어요?
　　　Tā yǒu jǐ běn Hànyǔ shū?

　 B: 他有三本汉语书。　그는 중국어 책이 세 권 있어요.
　　　Tā yǒu sān běn Hànyǔ shū.

③ A: 他吃几个面包?　그는 몇 개의 빵을 먹어요?
　　　Tā chī jǐ ge miànbāo?

　 B: 他吃一个面包。　그는 빵 한 개를 먹어요.
　　　Tā chī yí ge miànbāo.

④ A: 她们喝几杯咖啡?　그녀들은 몇 잔의 커피를 마셔요?
　　　Tāmen hē jǐ bēi kāfēi?

　 B: 她们喝五杯咖啡。　그녀들은 커피 다섯 잔을 마셔요.
　　　Tāmen hē wǔ bēi kāfēi.

unit 08　你家有几口人? Nǐ jiā yǒu jǐ kǒu rén?

실전처럼 술술~

실전처럼 술술 08-05

Speaking

02 보기와 같이 단어와 문형을 연습하세요.

> 보기
>
> 三 / 爸爸、妈妈、我
> sān / bàba、māma、wǒ
>
> A: 你家有几口人?
>   Nǐ jiā yǒu jǐ kǒu rén?
>
> B: 我家有三口人。
>   Wǒ jiā yǒu sān kǒu rén.
>
> A: 你家都有什么人?
>   Nǐ jiā dōu yǒu shénme rén?
>
> B: 爸爸、妈妈和我。
>   Bàba、māma hé wǒ.

①

五 / 爸爸、妈妈、奶奶、姐姐、我
wǔ / bàba、māma、nǎinai、jiějie、wǒ

②

四 / 我爱人、女儿、儿子、我
sì / wǒ àiren、nǚ'ér、érzi、wǒ

풀이노트 02
 듣고 말하기 훈련용 08-06

三 / 爸爸、妈妈、我
sān / bàba、māma、wǒ
셋 / 아빠, 엄마, 나

A: 你家有几口人？　당신의 가족은 몇 식구예요?
　Nǐ jiā yǒu jǐ kǒu rén?

B: 我家有三口人。　우리 가족은 세 식구예요.
　Wǒ jiā yǒu sān kǒu rén.

A: 你家都有什么人？　당신의 가족은 몇 명이에요?
　Nǐ jiā dōu yǒu shénme rén?

B: 爸爸、妈妈和我。　아빠, 엄마 그리고 제가 있어요.
　Bàba、māma hé wǒ.

① A: 你家有几口人？　당신의 가족은 몇 식구예요?
　　Nǐ jiā yǒu jǐ kǒu rén?

　B: 我家有五口人。　우리 가족은 다섯 식구예요.
　　Wǒ jiā yǒu wǔ kǒu rén.

　A: 你家都有什么人？　당신 가족은 어떻게 돼요?
　　Nǐ jiā dōu yǒu shénme rén?

　B: 爸爸、妈妈、奶奶、姐姐和我。
　　Bàba、　māma、　nǎinai、　jiějie hé wǒ.
　　아빠, 엄마, 할머니, 언니 그리고 제가 있어요.

☐ 奶奶 ㉿ 할머니
　nǎinai

☐ 女儿 ㉿ 딸
　nǚ'ér

☐ 儿子 ㉿ 아들
　érzi

② A: 你家有几口人？　당신의 가족은 몇 명이에요?
　　Nǐ jiā yǒu jǐ kǒu rén?

　B: 我家有四口人。　우리 가족은 네 식구예요.
　　Wǒ jiā yǒu sì kǒu rén.

　A: 你家都有什么人？　당신 가족은 어떻게 돼요?
　　Nǐ jiā dōu yǒu shénme rén?

　B: 我爱人、女儿、儿子和我。　제 남편, 딸, 아들 그리고 저예요.
　　Wǒ àiren、　nǚ'ér、　érzi hé wǒ.

회화실력 쑥쑥~

美珍 Měizhēn
니 쟈 여우 지 커우 런
你家有几口人？
Nǐ jiā yǒu jǐ kǒu rén?

民国 Mínguó
워 쟈 여우 우 커우 런
我家有五口人。
Wǒ jiā yǒu wǔ kǒu rén.

美珍 Měizhēn
니 쟈 떠우 여우 선머 런
你家都有什么人？
Nǐ jiā dōu yǒu shénme rén?

民国 Mínguó
빠바   마마   량 거 꺼거 허 워   니 쟈 너
爸爸、妈妈、两个哥哥和我。你家呢？
Bàba、 māma、 liǎng ge gēge hé wǒ. Nǐ jiā ne?

美珍 Měizhēn
워 쟈 여우 쓰 커우 런   쪄 스 워 쟈 더 취엔쟈 푸
我家有四口人。这是我家的全家福。
Wǒ jiā yǒu sì kǒu rén. Zhè shì wǒ jiā de quánjiāfú.

民国 Mínguó
오우   타 스 니 메이 메이 마
哦！她是你妹妹吗？
Ò! Tā shì nǐ mèimei ma?

타 쩐 퍄오량
她真漂亮！
Tā zhēn piàoliang!

한국어를 중국어로 08-11

미 진 당신 가족은 몇 명이에요?
민 국 저희 식구는 다섯 식구예요.
미 진 당신 가족은 모두 어떻게 돼요?
민 국 아버지, 어머니, 두 명의 형과 저요. 당신 가족은요?
미 진 저희 가족은 네 식구예요. 이것은 저희 가족의 사진이에요.
민 국 오! 그녀는 당신 여동생이에요? 그녀는 정말 예뻐요!

★ 성모 'q' 뒤에 'u'는 두 점이 생략된 'ü'라는 것 잊지 마세요! 따라서 여기서 'quan'은 '취엔'으로 발음해야 합니다.

어휘표현   어휘 표현 08-07

家 [jiā] 명 집, 가정
两 [liǎng] 수 둘, 2
全家福 [quánjiāfú] 명 가족 사진
漂亮 [piàoliang] 형 예쁘다

几 [jǐ] 수 몇
个 [ge] 양 개, 명
哦 [ò] 감 오! 어머!

口 [kǒu] 양 식구를 세는 양사 명 입
和 [hé] 접 ~과(와)
真 [zhēn] 부 참으로, 정말로

01 숫자세기

중국인들은 생활 속에서 유독 손가락으로 숫자를 표시하는 경우가 많습니다.
아래 그림을 보고 손가락으로 정확하게 숫자를 표현해보세요.

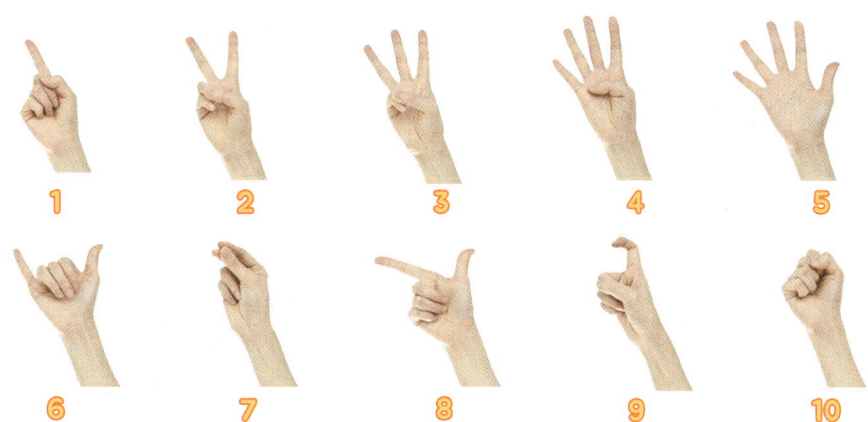

02

또한 중국어로 숫자를 읽을 때 '백, 천, 만' 단위의 숫자가 1일 경우, 앞에 숫자 1를 붙여서 '일 백, 일 천, 일 만' 등으로 읽어야 합니다.

100	一百	yì bǎi
1000	一千	yì qiān
10000	一万	yí wàn
1199	一千一百九十九	yì qiān yì bǎi jiǔ shí jiǔ

03 나열에 쓰이는 문장부호 '、'

중국어에도 여러 가지 문장부호가 있어요. 문장을 끝낼 때는 반드시 '。'를 표시하고, 문장과 문장을 연결할 때는 우리말과 같이 일반적인 쉼표 ','를 씁니다.
그러나 중국어에서만 볼 수 있는 특별한 문장부호가 있는데 이는 바로 '、'로, 이 부호는 단어를 열거할 때 쓰는 부호입니다.

爸爸、妈妈、弟弟和我。 아빠, 엄마, 남동생 그리고 저예요.
Bàba、 māma、 dìdi hé wǒ.

 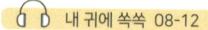 

내 귀에 쏙쏙~

 녹음을 듣고 녹음 내용과 일치하는 그림을 고르세요.

①  ②  ③

 녹음을 듣고 제시된 문장의 옳고 그름을 표시하세요.

① 她没有儿子。
　Tā méiyǒu érzi.

② 他不买咖啡。
　Tā bù mǎi kāfēi.

③ 我有中国朋友。
　Wǒ yǒu Zhōngguó péngyou.

풀이노트 01

① 她买三个面包。　　　　　　　그녀는 빵 세 개를 사요.
　　Tā mǎi sān ge miànbāo.

② 我家有爸爸、妈妈、妹妹和我。　우리 집에는 아빠, 엄마, 여동생 그리고 제가 있어요.
　　Wǒ jiā yǒu bàba、māma、mèimei hé wǒ.

③ 我买两本书。　　　　　　　　나는 책 두 권을 사요.
　　Wǒ mǎi liǎng běn shū.

정답 : ① B　② A　③ D

풀이노트 02

① A: 你家都有什么人?　　　당신 가족은 어떻게 돼요?
　　　Nǐ jiā dōu yǒu shénme rén?

　　B: 我爱人、一个儿子、一个女儿和我。　남편, 아들 한 명, 딸 한 명 그리고 저예요.
　　　Wǒ àiren、yí ge érzi、yí ge nǚ'ér hé wǒ.

　★ 她没有儿子。　그녀는 아들이 없어요.　　X
　　Tā méiyǒu érzi.

② 他买一本书和一杯可乐。　그는 책 한 권과 콜라 한 잔을 사요.
　　Tā mǎi yì běn shū hé yì bēi kělè.

　★ 他不买咖啡。　그는 커피를 사지 않아요.　　O
　　Tā bù mǎi kāfēi.

③ A: 你有中国朋友吗?　당신은 중국 친구가 있어요?
　　　Nǐ yǒu Zhōngguó péngyou ma?

　　B: 我有一个中国朋友。　나는 중국친구가 한 명 있어요.
　　　Wǒ yǒu yí ge Zhōngguó péngyou.

　★ 我有中国朋友。　나는 중국 친구가 있어요.　　O
　　Wǒ yǒu Zhōngguó péngyou.

정답 : ① X　② O　③ O

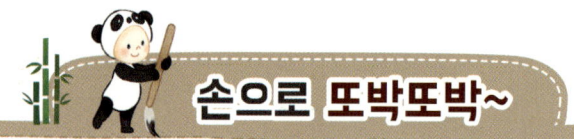

쓰기 1

빈칸에 들어갈 알맞은 단어를 보기에서 고르세요.

보기
Ⓐ 二 èr　　Ⓑ 口 kǒu　　Ⓒ 本 běn
Ⓓ 个 ge　　Ⓔ 两 liǎng

① 我买 _____ 杯咖啡。 나는 커피 두 잔을 사요.
　Wǒ mǎi _____ bēi kāfēi.

② 她家有四 _____ 人。 그녀의 가족은 네 식구예요.
　Tā jiā yǒu sì _____ rén.

③ 你吃几 _____ 面包？ 당신은 몇 개의 빵을 먹어요?
　Nǐ chī jǐ _____ miànbāo?

쓰기 2

주어진 단어를 어순에 맞게 배열하세요.

① 有　都　什么　你家　人
　yǒu　dōu　shénme　nǐ jiā　rén

　_____? 당신 가족은 어떻게 돼요?

② 个　两　我　有　姐姐
　ge　liǎng　wǒ　yǒu　jiějie

　_____。 나는 누나(언니)가 두 명 있어요.

③ 买　你　本　几　书
　mǎi　nǐ　běn　jǐ　shū

　_____? 당신은 몇 권의 책을 사요?

| 보기 |

A 二 èr   B 口 kǒu   C 本 běn
D 个 ge   E 两 liǎng

① 我买两杯咖啡。　　　　나는 커피 두 잔을 사요.
　 Wǒ mǎi liǎng bēi kāfēi.

② 她家有四口人。　　　　그녀의 가족은 네 식구예요.
　 Tā jiā yǒu sì kǒu rén.

③ 你吃几个面包？　　　　당신은 몇 개의 빵을 먹어요?
　 Nǐ chī jǐ ge miànbāo?

풀이노트 02

① 你家都有什么人？　　　당신 가족은 어떻게 돼요?
　 Nǐ jiā dōu yǒu shénme rén?

② 我有两个姐姐。　　　　나는 누나(언니)가 두 명 있어요.
　 Wǒ yǒu liǎng ge jiějie.

③ 你买几本书？　　　　　당신은 몇 권의 책을 사요?
　 Nǐ mǎi jǐ běn shū?

 unit 08 **필기시험**  제한 시간 30분

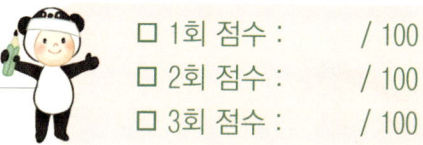
☐ 1회 점수 :   / 100
☐ 2회 점수 :   / 100
☐ 3회 점수 :   / 100

▶반복 재시험은 CD안의 재시험용 PDF 파일을 활용하세요~

 01 녹음을 듣고 빈칸에 알맞은 한어병음을 쓰세요. (1문제 3점)

Test 19

① p_____g_____   ② sh_____y_____

③ m_____b_____   ④ y_____b_____

 02 녹음을 듣고 성조를 표시하세요. (1문제 3점)

Test 20

① 和 — he   ② 一个 — yi ge

③ 真 — zhen   ④ 汉语 — Han yu

03 다음 단어의 빈칸을 채우세요. (1문제 5점)

중국어	병음	뜻
① 个	ge	
②	jiā	집, 가정
③ 两		둘, 2
④ 全家福	quánjiāfú	

04 다음 문장을 바르게 고치세요. (1문제 8점)

① 我家有三本人。 우리 가족은 세 식구예요.

▶ _____

② 我家有爸爸和妈妈、弟弟、我。 저희 집은 아빠, 엄마, 남동생 그리고 제가 있어요.

▶ _____

③ 他喝二杯咖啡。 그는 두 잔의 커피를 마셔요.

▶ _____

④ 她是真漂亮。 그녀는 정말 예뻐요.

▶ _____

05 알맞은 대화의 짝을 찾아서 연결하세요. (1문제 6점)

① 你家有几口人？　　·　　　　　　·　爸爸、妈妈和我。

② 你家都有什么人？　·　　　　　　·　我吃三个包子。

③ 你吃几个包子？　　·　　　　　　·　他有一个妹妹。

④ 他有妹妹吗？　　　·　　　　　　·　我家有五口人。

unit 08 문제 풀이

듣기

01 녹음을 듣고 빈칸에 알맞은 한어병음을 쓰세요. (1문제 3점)

① p____ g____
② sh____ y____
③ m____ b____
④ y____ b____

02 녹음을 듣고 성조를 표시하세요. (1문제 3점)

① 和 — he
② 一个 — yi ge
③ 真 — zhen
④ 汉语 — Han yu

어휘

03 다음 단어의 빈칸을 채우세요. (1문제 5점)

중국어	병음	뜻
① 个	ge	
②	jiā	집, 가정
③ 两		둘, 2
④ 全家福	quánjiāfú	

01

① píng guǒ
▶ 이 문제를 틀렸을 경우에는 P.191를 다시 한번 확인 학습해 주세요.

② shí yī
▶ 이 문제를 틀렸을 경우에는 P.190를 다시 한번 확인 학습해 주세요.

③ miànbāo
▶ 이 문제를 틀렸을 경우에는 P.104를 다시 한번 확인 학습해 주세요.

④ yì běn
▶ 이 문제를 틀렸을 경우에는 P.191를 다시 한번 확인 학습해 주세요.

02

① hé
▶ 이 문제를 틀렸을 경우에는 P.193를 다시 한번 확인 학습해 주세요.

② yí ge
▶ 이 문제를 틀렸을 경우에는 P.190를 다시 한번 확인 학습해 주세요.

③ zhēn
▶ 이 문제를 틀렸을 경우에는 P.198를 다시 한번 확인 학습해 주세요.

④ Hàn yǔ
▶ 이 문제를 틀렸을 경우에는 P.80를 다시 한번 확인 학습해 주세요.

03

① 个   ge   개, 명
▶ 이 문제를 틀렸을 경우에는 P.191를 다시 한번 확인 학습해 주세요.

② 家   jiā   집, 가정
▶ 이 문제를 틀렸을 경우에는 P.193를 다시 한번 확인 학습해 주세요.

③ 两   liǎng   둘, 2
▶ 이 문제를 틀렸을 경우에는 P.191를 다시 한번 확인 학습해 주세요.

④ 全家福   quánjiāfú   가족 사진
▶ 이 문제를 틀렸을 경우에는 P.198를 다시 한번 확인 학습해 주세요.

쓰기

04 다음 문장을 바르게 고치세요. (1문제 8점)

① 我家有三本人。
우리 가족은 세 식구예요.
_____

② 我家有爸爸和妈妈、弟弟、我。
저희 집은 아빠, 엄마, 남동생 그리고 제가 있어요.
_____

③ 他喝二杯咖啡。
그는 두 잔의 커피를 마셔요.
_____

④ 她是真漂亮。
그녀는 정말 예뻐요.
_____

회화

05 알맞은 대화의 짝을 찾아서 연결하세요. (1문제 6점)

① 你家有几口人？ · · 爸爸、妈妈和我。

② 你家都有什么人？ · · 我吃三个包子。

③ 你吃几个包子？ · · 他有一个妹妹。

④ 他有妹妹吗？ · · 我家有五口人。

04

① 我家有三本人。 → 我家有三口人。 우리 가족은 세 식구예요.
▶ 이 문제를 틀렸을 경우에는 P.197를 다시 한번 확인 학습해 주세요.

② 我家有爸爸和妈妈、弟弟、我。
→ 我家有爸爸、妈妈、弟弟和我。
저희 집은 아빠, 엄마, 남동생 그리고 제가 있어요.
▶ 이 문제를 틀렸을 경우에는 P.193를 다시 한번 확인 학습해 주세요.

③ 他喝二杯咖啡。 → 他喝两杯咖啡。 그는 두 잔의 커피를 마셔요.
▶ 이 문제를 틀렸을 경우에는 P.191를 다시 한번 확인 학습해 주세요.

④ 她是真漂亮。 → 她真漂亮。 그녀는 정말 예뻐요.
▶ 이 문제를 틀렸을 경우에는 P.198를 다시 한번 확인 학습해 주세요.

05

① 你家有几口人？ · · 爸爸、妈妈和我。

② 你家都有什么人？ · · 我吃三个包子。

③ 你吃几个包子？ · · 他有一个妹妹。

④ 他有妹妹吗？ · · 我家有五口人。

① A: 你家有几口人？ 당신의 가족은 몇 명이에요?
   B: 我家有五口人。 우리 가족은 다섯 식구예요.

② A: 你家都有什么人？ 당신 가족은 어떻게 돼요?
   B: 爸爸、妈妈和我。 아빠, 엄마 그리고 저예요.

③ A: 你吃几个包子？ 당신은 몇 개의 만두를 먹어요?
   B: 我吃三个包子。 나는 만두 세 개를 먹어요.

④ A: 他有妹妹吗？ 그는 여동생이 있어요?
   B: 他有一个妹妹。 그는 여동생이 한 명 있어요.

▶ 이 문제를 틀렸을 경우에는 P.195, P.197를 다시 한번 확인 학습해 주세요.

티엔티엔 생각펼치기 聊一聊

다양한 양사 익히기

🎧 생각펼치기 08-13

个 ge	개, 명 (주로 전용 양사가 없는 명사에 광범위하게 쓰임)	人 사람 rén	朋友 친구 péngyou	苹果 사과 píngguǒ
张 zhāng	장 (평평한 면을 가진 사물)	床 침대 chuáng	桌子 책상 zhuōzi	票 표 piào
件 jiàn	벌, 건 (옷, 일, 사건)	衣服 옷 yīfu	事 일 shì	
位 wèi	분, 명 (존중의 의미)	老师 선생님 lǎoshī	客人 손님 kèrén	
瓶 píng 听 tīng	병 (병으로 되어 있는 사물) 캔 (캔으로 되어 있는 사물)	可乐 콜라 kělè	啤酒 맥주 píjiǔ	

중국의 독특한 결혼문화

Q 퀴즈 중국의 결혼문화에 대해 바르지 않은 것은 어느 것일까요?

① 결혼 당일 신랑이 신부의 집으로 가서 신부와 신부측 하객들을 결혼식장으로 데리고 오는 풍습이 있다.

② 최근 젊은 부부들은 결혼식 시기를 많은 사람이 참여할 수 있는 '五一'(노동절) 혹은 '十一'(국경절) 등의 긴 연휴 기간을 선호합니다.

③ 중국에서 결혼 축의금은 흰 봉투에 넣는다.

④ 중국에서 결혼이 가능한 법적 연령은 남자 만 22세, 여자 만 20세이다.

①, ②, ④는 모두 올바른 중국의 결혼 문화입니다.

정답 : ③

① 중국에서는 체면을 매우 중요하게 생각하는 문화를 갖고 있어요. 그러한 측면에서 결혼식 규모는 체면을 내세우는 중요한 상징이 된답니다. 그래서 생겨난 결혼 문화 중 하나가 고급외제차를 준비하여 결혼 당일 신랑이 신부의 집으로 가서 신부와 신부측 하객들을 결혼식장으로 데려오는 풍습이 있어요.

② 요즘 젊은 예비부부들은 많은 친지들이 결혼식에 참석할 수 있도록 '五一'(노동절) 혹은 '十一'(국경절) 등의 긴 연휴 기간 중에 결혼식을 진행하는 추세라고 해요. 결혼식 시간은 특별한 제한은 없지만 가급적이면 오전 중에 거행하고 늦어도 정오를 넘지 않는다고 합니다.

③ 우리나라에서는 흰 봉투에 축의금을 전달하는데 중국에서 흰 봉투는 '죽음'을 의미하기 때문에 축의금 봉투로 흰색은 쓰지 않아요. 그대신 복되고 길함을 상징하는 '홍빠오(红包)'라고 하는 붉은색 봉투를 사용해요. 붉은 색은 중국인들의 오랜 역사와 문화 속에 깊이 뿌리를 내리고 있으며 붉은색을 띤 물질이 생명과 연계된다는 인식을 가지고 있어서 붉은색에 특별한 애착을 가지고 있답니다.

④ 우리나라의 경우 남녀 모두 만 18세 이상이면 결혼이 가능하지만 중국은 우리보다 늦은 나이인 남녀 각각 만 22세, 만 20세가 되어야 법적으로 결혼이 가능하다고 합니다.

unit 09
你在哪儿工作?
Nǐ zài nǎr gōngzuò?

〈동영상 강의〉 〈오디오 강의〉

unit 09

unit 9-1

unit 9-2

당신은 어디에서 일하세요?

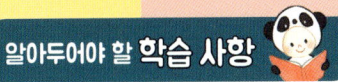

중국어로 직업 묻기

☐ 你做什么工作？Nǐ zuò shénme gōngzuò? 당신은 무슨 일을 해요?

	학습 항목	학습 시간	학습 체크	학습 메모
1	동영상 강의 또는 오디오 강의	15분	☐1회 ☐2회 ☐3회	
2	요것만은 꼭꼭 Point (212~215p)	15분	☐1회 ☐2회 ☐3회	
3	실전처럼 술술 Speaking (216~219p)	15분	☐1회 ☐2회 ☐3회	
4	회화실력 쑥쑥 Conversation (220~221p)	15분	☐1회 ☐2회 ☐3회	
5	내 귀에 쏙쏙 Listening (222~223p)	15분	☐1회 ☐2회 ☐3회	
6	손으로 또박또박 Writing (224~225p)	15분	☐1회 ☐2회 ☐3회	
7	09과 필기시험 (226~229p)	30분	☐50점 미만 ☐51~80점 ☐81~100점	

50점 미만 unit 전체 1~2회 반복 학습
51점~80점 틀린 부분 다시 학습
81점~100점 다음 unit 진행 OK~!!

요것만은 꼭꼭~

요것만은 꼭꼭 09-01  **Point**

어법 1 전치사(개사) '在 zài'

타 짜이 쉬에 샤오 꽁 쭈오
她 在 学校 工作。 그녀는 학교에서 일해요.
Tā zài xuéxiào gōngzuò.

'在 zài'는 '~에 있다'라는 동사의 의미도 있지만, 전치사로 쓰여 '~에서'라는 뜻을 나타내기도 해요. 이때 전치사 '在 zài'는 뒤에 장소를 나타내는 단어와 결합하여 술어 앞에 놓입니다. 전치사는 절대 혼자 단독으로 쓸 수 없고 반드시 뒤에 명사, 대명사 등과 결합한 전치사구 형태로, 주어 뒤, 술어 앞에 끼어들어 술어를 꾸며 주는 역할을 해요. 이렇듯 중간에 개입한다는 의미로 '전치사'를 '개사'라고도 부릅니다.

[전치사 + 명사/대명사] + 술어
　전치사구

- 工作 동 일(하다)
  gōngzuò
- 休息 동 쉬다, 휴식하다
  xiūxi
- 一起 튑 함께, 같이
  yìqǐ

짜이 쟈 시오우 시
在 家 休息   집에서 쉬어요.
zài jiā xiūxi

① A: 니 짜이 날 칸 띠엔 잉
   你 在 哪儿 看 电影?   당신은 <u>어디에서</u> 영화를 봐요?
   Nǐ zài nǎr kàn diànyǐng?

   B: 워 짜이 쟈 칸 띠엔 잉
   我 在 家 看 电影。   나는 <u>집에서</u> 영화를 봐요.
   Wǒ zài jiā kàn diànyǐng.

② A: 타 껀 세이 이치 허 차
   她 跟*谁 一起 喝 茶?   그녀는 <u>누구와</u> 함께 차를 마셔요?
   Tā gēn shéi yìqǐ hē chá.

   B: 타 껀 타 마마 이치 허 차
   她 跟 她妈妈 一起 喝 茶。   그녀는 <u>그녀의 어머니와</u> 함께 차를 마셔요.
   Tā gēn tā māma yìqǐ hē chá.

★ 전치사 '跟 gēn'도 혼자 쓸 수 없으며 뒤에 대상을 나타내는 단어와 함께 쓰여요. 이때 주로 뒤에 '一起 yìqǐ'를 동반, '跟 gēn + 대상(사람) + (一起 yìqǐ) ~'의 형식으로 쓰여, '누구랑 (함께)'의 뜻을 나타냅니다.

어법 2 '제의, 청유, 명령'의 어기를 나타내는 '吧 ba'

워먼 이치 츠 판 바
我们 一起 吃 饭 吧。
Wǒmen yìqǐ chī fàn ba.

우리 같이 식사합시다.

'吧 ba'는 문장 끝에 놓여 '제의, 청유, 명령, 추측, 동의' 등의 다양한 어기를 나타내는 조사입니다.

워먼 이치 취 바
我们 一起 去 吧。
Wǒmen yìqǐ qù ba.

우리 같이 갑시다. (제의)

니 스 한구오런 바
你 是 韩国人 吧?
Nǐ shì Hánguórén ba?

당신 한국사람이죠? (추측)

콰이 츠 바
快 吃 吧!
Kuài chī ba!

빨리 먹어! (명령)

□ **快** 형·부 빠르다, 빨리
　 kuài

요것만은 꼭꼭~

요것만은 꼭꼭 09-02

어법 3 직업을 묻는 표현

니　쭈오　션머　꿍쭈오
你 做 什么 工作?
Nǐ zuò shénme gōngzuò?

당신은 무슨 일을 해요?

□ 做 동 하다
　zuò

중국어로 직업을 묻는 표현은 크게 두 가지로 나뉘어요.

★ 직업을 묻는 표현 포인트 〔하나〕

직접적으로 무슨 일을 하는지 물어보고, 이때 대답은 '我是~'를 이용하여 '나는 경찰이에요' '나는 기자예요' 등 자신의 직업명을 직접적으로 언급해요.

　　　니　쭈오　션머　꿍쭈오
A: 你 做 什么 工作?
　　Nǐ zuò shénme gōngzuò?

당신은 무슨 일을 해요?

　　　워　스　라오스
B: 我 是 老师。
　　Wǒ shì lǎoshī.

저는 선생님이에요.

★ 직업을 묻는 표현 포인트 〔둘〕

전치사 '在'를 이용해 상대방이 어디에서 일하는지 우회적으로 물어봅니다. 이때 대답도 '在'를 써서 장소를 언급하거나 또는 구체적인 직업을 뒤에 덧붙여 표현할 수 있어요.

　　　니　짜이　날　꿍쭈오
A: 你 在 哪儿 工作?
　　Nǐ zài nǎr gōngzuò?

당신은 어디에서 일해요?

□ 医院 명 병원
　yīyuàn

□ 护士 명 간호사
　hùshi

　　　워　짜이　이위엔　꿍쭈오, 스 후스
B: 我 在 医院 工作, 是 护士。
　　Wǒ zài yīyuàn gōngzuò, shì hùshi.

저는 병원에서 일하고, 간호사예요.

쉬어가는 페이지~

중국의 기후는?

중국은 전체적으로는 사계절이 뚜렷한 계절풍 기후의 특징을 보입니다. 그러나 영토가 넓기 때문에 남과 북의 위도 차이가 50도나 되어 한·온대부터 열대기후까지 다양한 기후대가 포함되어 있어요.

🔥 얼음의 도시 하얼빈(哈尔滨 Hā'ěrbīn)

북쪽의 하얼빈은 중국에서 가장 추운 도시로 유명합니다. 1월 평균 기온이 약 -20℃ 밑으로 떨어지며 최저 -40℃까지 떨어지기도 해요. 매년 1~2월에 빙설제가 열리는데 눈과 얼음으로 만든 조각품과 건축물에 화려한 조명까지 더해져 세계적으로 유명한 축제가 되었습니다.

🔥 불의 도시 투루판(吐鲁番 Tǔlǔfān)

중국 서북부에 위치한 투루판은 한여름이 되면 평균 43℃ 이상의 불덩이와 같은 더위가 지속되어 '불의 도시'라는 별명을 지니고 있어요. 특히 소설 ≪서유기≫의 배경으로 유명한 화염산(火焰山)은 표면 온도가 70℃에 가깝습니다.

🔥 열대의 섬 하이난다오(海南岛 Hǎinándǎo)

하얼빈이 눈과 얼음으로 뒤덮여 있는 한겨울에도 중국의 최남단에 위치한 하이난다오는 평균 기온이 21℃를 웃도는 여름 날씨가 지속됩니다. 아름다운 풍경과 연중 무더운 날씨 때문에 '동양의 하와이'라고 불리며 휴양지로 각광 받고 있어요.

unit 09 你在哪儿工作? Nǐ zài nǎr gōngzuò? 215

실전처럼 술술~

실전처럼 술술 09-03

Speaking

01 보기와 같이 단어와 문형을 연습하세요.

보기 1

家 / 学习
jiā / xuéxí

A: 你在哪儿学习?
　　Nǐ zài nǎr xuéxí?

B: 我在家学习。
　　Wǒ zài jiā xuéxí.

보기 2

老师 / 学习
lǎoshī / xuéxí

A: 你跟谁一起学习?
　　Nǐ gēn shéi yìqǐ xuéxí?

B: 我跟老师一起学习。
　　Wǒ gēn lǎoshī yìqǐ xuéxí.

①

家/休息
jiā / xiūxi
집　쉬다

A: 你在哪儿休息?
　　Nǐ zài nǎr xiūxi?

B: 我 _____ 。
　　Wǒ _____ .

②

咖啡厅 / 见朋友
kāfēitīng / jiàn péngyou
커피숍　친구를 만나다

A: 他在哪儿见朋友?
　　Tā zài nǎr jiàn péngyou?

B: 他 _____ 。
　　Tā _____ .

③

家人 / 去上海
jiārén / qù Shànghǎi
가족　상하이에 가다

A: 你跟谁一起去上海?
　　Nǐ gēn shéi yìqǐ qù Shànghǎi?

B: 我 _____ 。
　　Wǒ _____ .

풀이노트 01

家 / 学习
jiā / xuéxí
집 / 공부하다

A: 你在哪儿学习？　당신은 어디에서 공부해요?
　　Nǐ zài nǎr xuéxí?

B: 我在家学习。　나는 집에서 공부해요.
　　Wǒ zài jiā xuéxí.

老师 / 学习
lǎoshī / xuéxí
선생님 / 공부하다

A: 你跟谁一起学习？　당신은 누구와 함께 공부해요?
　　Nǐ gēn shéi yìqǐ xuéxí?

B: 我跟老师一起学习。　나는 선생님과 함께 공부해요.
　　Wǒ gēn lǎoshī yìqǐ xuéxí.

① A: 你在哪儿休息？　당신은 어디에서 쉬어요?
　　　Nǐ zài nǎr xiūxi?

　B: 我在家休息。　나는 집에서 쉬어요.
　　　Wǒ zài jiā xiūxi.

② A: 他在哪儿见朋友？　그는 어디에서 친구를 만나요?
　　　Tā zài nǎr jiàn péngyou?

　B: 他在咖啡厅见朋友。　그는 커피숍에서 친구를 만나요.
　　　Tā zài kāfēitīng jiàn péngyou.

③ A: 你跟谁一起去上海？　당신은 누구와 함께 상하이에 가요?
　　　Nǐ gēn shéi yìqǐ qù Shànghǎi?

　B: 我跟家人一起去上海。　나는 가족과 함께 상하이에 가요.
　　　Wǒ gēn jiārén yìqǐ qù Shànghǎi.

□ 学习 xuéxí
　동 공부하다, 배우다

□ 休息 xiūxi
　동 휴식하다, 쉬다 →
　休息는 '휴식'이라는 명사가 아니라 '휴식하다'라는 동사로 쓰여요.

□ 咖啡厅 명 커피숍
　kāfēitīng

□ 见 동 만나다
　jiàn

 **실전처럼 술술~** 　　🎧 실전처럼 술술 09-05　　

02　보기와 같이 단어와 문형을 연습하세요.

보기 1

老师
lǎoshī

A: 你做什么工作？
　Nǐ zuò shénme gōngzuò?

B: 我是 老师 。
　Wǒ shì lǎoshī.

보기 2

学校 / 老师
xuéxiào / lǎoshī

A: 你在哪儿工作？
　Nǐ zài nǎr gōngzuò?

B: 我在 学校 工作，是 老师 。
　Wǒ zài xuéxiào gōngzuò, shì lǎoshī.

①
记者
jìzhě
기자

A: 你做什么工作？
　Nǐ zuò shénme gōngzuò?

B: 我是 _____ 。
　Wǒ shì _____.

②
公司职员
gōngsī zhíyuán
회사원

A: 你哥哥做什么工作？
　Nǐ gēge zuò shénme gōngzuò?

B: 他是 _____ 。
　Tā shì _____.

③
医院 / 医生
yīyuàn / yīshēng
병원　의사

A: 你爸爸在哪儿工作？
　Nǐ bàba zài nǎr gōngzuò?

B: 他在 _____ 工作，是 _____ 。
　Tā zài _____ gōngzuò, shì _____.

풀이노트 02 🎧 듣고 말하기 훈련용 09-06

老师
lǎoshī
선생님

A: 你做什么工作？　당신은 무슨 일을 해요?
　　Nǐ zuò shénme gōngzuò?

B: 我是<mark>老师</mark>。　나는 선생님이에요.
　　Wǒ shì lǎoshī.

学校 / 老师
xuéxiào / lǎoshī
학교 / 선생님

A: 你在哪儿工作？　당신은 어디에서 일해요?
　　Nǐ zài nǎr gōngzuò?

B: 我在<mark>学校</mark>工作，是<mark>老师</mark>。
　　Wǒ zài xuéxiào gōngzuò, shì lǎoshī.
　　　나는 학교에서 일하고, 선생님이에요.

① A: 你做什么工作？　　　　당신은 무슨 일을 해요?
　　　Nǐ zuò shénme gōngzuò?

　B: 我是<mark>记者</mark>。　　　　나는 기자예요.
　　　Wǒ shì jìzhě.

② A: 你哥哥做什么工作？　　당신 형(오빠)은 무슨 일을 해요?
　　　Nǐ gēge zuò shénme gōngzuò?

　B: 他是<mark>公司职员</mark>。　　그는 회사원이에요.
　　　Tā shì gōngsī zhíyuán.

③ A: 你爸爸在哪儿工作？　　당신 아버지는 어디에서 일하세요?
　　　Nǐ bàba zài nǎr gōngzuò?

　B: 他在<mark>医院</mark>工作，是<mark>医生</mark>。　그는 병원에서 일하고, 의사예요.
　　　Tā zài yīyuàn gōngzuò, shì yīshēng.

☐ 记者 ❷ 기자
　jìzhě

☐ 公司职员 ❷ 회사원
　gōngsī zhíyuán

- 천천히 읽기 09-08
- 빠르게 읽기 09-09
- 따라 읽기 09-10

Conversation

王明 Wáng Míng
니 취 날
你去哪儿？
Nǐ qù nǎr?

美娜 Měinà
워 껀 꺼거 이치 취 찬팅　　니 이에 취 바
我跟哥哥一起去餐厅。你也去吧。
Wǒ gēn gēge yìqǐ qù cāntīng.　Nǐ yě qù ba.

王明 Wáng Míng
하오　니 꺼거 쭈오 션머 꽁쭈오
好。你哥哥做什么工作？
Hǎo.　Nǐ gēge zuò shénme gōngzuò?

美娜 Měinà
워 꺼거 스 이성　　타 페이창 총밍
我哥哥是医生，他非常聪明。
Wǒ gēge shì yīshēng,　Tā fēicháng cōngming.★

뚜에이 러　니 지에지에 짜이 날 꽁쭈오
对了，你姐姐在哪儿工作？
duì le,　nǐ jiějie zài nǎr gōngzuò?

★ 성모 'c'는 우리말의 'ㅊ' 발음과 비슷하니, 'cōngming'은 '총밍'으로 읽어야 합니다.

王明 Wáng Míng
타 짜이 쉬에 샤오 꽁 쭈오　스 라오스
她在学校工作，是老师。
Tā zài xuéxiào gōngzuò, shì lǎoshī.

美娜 Měinà
스 마　샤 츠 워먼
是吗？下次我们
Shì ma?　Xià cì wǒmen
쓰 거 런 이 치 츠 판 바
四个人一起吃饭吧。
sì ge rén yìqǐ chī fàn ba.

한국어를 중국어로 09-11

왕밍	어디 가요?
미나	오빠와 함께 식당에 가요. 당신도 같이 가요.
왕밍	좋아요. 당신 오빠는 무슨 일을 해요?
미나	우리 오빠는 의사이고, 그는 아주 똑똑해요. 참, 당신 누나는 어디에서 일해요?
왕밍	그녀는 학교에서 일하고, 선생님이에요.
미나	그래요? 다음에 우리 네 명 함께 식사해요.

어휘표현

어휘 표현 09-07

跟 [gēn] 전 ~ 와(과)　　一起 [yìqǐ] 부 함께, 같이　　餐厅 [cāntīng] 명 식당
吧 [ba] 조 '제의, 청유, 명령, 추측' 등의 어기 조사　　做 [zuò] 동 하다, 만들다
医生 [yīshēng] 명 의사　　非常 [fēicháng] 부 대단히, 매우　　聪明 [cōngming] 형 똑똑하다
对 [duì] 형 맞다, 옳다　　对了 [duì le] 맞아! 참!　　在 [zài] 전 ~에서 동 ~에 있다
学校 [xuéxiào] 명 학교　　工作 [gōngzuò] 명 동 일(하다)　　下次 [xià cì] 명 다음 번

01 동사 '在 zài' 와 전치사 '在 zài'

'在 zài'는 동사로 쓰여 '~에 있다'는 존재를 나타내고, 또한 장소와 결합하여 '~에서'라는 전치사로도 쓰여요.

〈동사 在 zài 〉
民国**在**哪儿? Mínguó zài nǎr? 민국이는 어디에 있어요?
民国**在**家。 Mínguó zài jiā. 민국이는 집에 있어요.

〈전치사 在 zài 〉
民国**在**哪儿学习? Mínguó zài nǎr xuéxí? 민국이는 어디에서 공부해요?
民国**在**家学习。 Mínguó zài jiā xuéxí. 민국이는 집에서 공부해요.

→ '在 zài'가 전치사로 쓰일 경우에는 뒤에 별도의 술어가 반드시 있어야 해요. '在 zài'가 전치사인지 동사인지 구분하려면 문장 안에 또 다른 술어가 있는지 파악하는 것이 중요합니다.

02 맞다! 对了 duì le!

'对 duì'는 '맞다, 옳다, 정확하다'는 뜻으로 상대방의 얘기에 동의와 긍정을 나타낼 때 쓰는 중국어의 대표적인 긍정 표현이에요.
이 외에도 뒤에 어감을 살리는 조사 '了 le'와 함께 쓰여 불현듯 무엇인가 생각날 때 '참! 맞다! 등의 뜻을 나타내기도 해요.

A: 你明天去中国，对吗？ 너 내일 중국 간다며, 맞니?
   Nǐ míngtiān qù Zhōngguó, duì ma?

B: **对**！Duì! 맞아요!

A: **对了**，老师，我有一个问题。 참, 선생님 저 질문(하나) 있어요.
   Duì le, lǎoshī, wǒ yǒu yí ge wèntí.

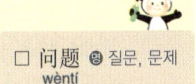

□ 问题 ❷ 질문, 문제
   wèntí

 **내 귀에 쏙쏙~**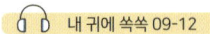

 녹음을 듣고 녹음 내용과 일치하는 그림을 고르세요.

① ② ③

 녹음을 듣고 제시된 문장의 옳고 그름을 표시하세요.

① 我是老师。
　Wǒ shì lǎoshī.

② 我在家吃饭。
　Wǒ zài jiā chī fàn.

③ 我不去中国，我朋友去中国。
　Wǒ bú qù Zhōngguó, wǒ péngyou qù Zhōngguó.

풀이노트 01

① 我在家看书。　　　　　　나는 집에서 책을 봐요.
　　Wǒ zài jiā kàn shū.

② 我爸爸是医生。　　　　　우리 아빠는 의사예요.
　　Wǒ bàba shì yīshēng.

③ 我跟我妈妈一起喝咖啡。　나는 우리 엄마랑 함께 커피를 마셔요.
　　Wǒ gēn wǒ māma yìqǐ hē kāfēi.

정답 : ① B　② D　③ A

풀이노트 02

① 我不是老师，我哥哥是老师。　나는 선생님이 아니고, 우리 형이 선생님이에요.
　　Wǒ búshì lǎoshī, wǒ gēge shì lǎoshī.

　★ 我是老师。　나는 선생님이에요.　　X
　　　Wǒ shì lǎoshī.

② A: 你在哪儿吃饭？　당신은 어디에서 밥을 먹어요?
　　　Nǐ zài nǎr chī fàn?

　　B: 我在家吃饭。　나는 집에서 밥을 먹어요.
　　　Wǒ zài jiā chī fàn.

　★ 我在家吃饭。　나는 집에서 밥을 먹어요.　　O
　　　Wǒ zài jiā chī fàn.

③ 我跟我朋友一起去中国。　나는 친구랑 함께 중국에 가요.
　　Wǒ gēn wǒ péngyou yìqǐ qù Zhōngguó.

　★ 我不去中国，我朋友去中国。　나는 중국에 가지 않고, 내 친구가 중국에 가요.　X
　　　Wǒ bú qù Zhōngguó, wǒ péngyou qù Zhōngguó.

정답 : ① X　② O　③ X

unit 09 你在哪儿工作？Nǐ zài nǎr gōngzuò? 223

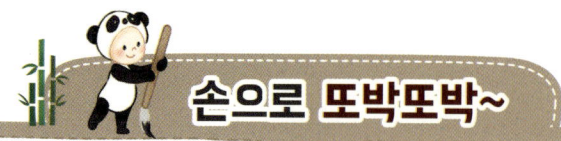 

쓰기 1
빈칸에 들어갈 알맞은 단어를 보기에서 고르세요.

보기
- A 跟 gēn
- B 在 zài
- C 做 zuò
- D 吧 ba
- E 是 shì

① 我 _____ 家看电视。 나는 집에서 TV를 봐요.
Wǒ _____ jiā kàn diànshì.

② 你 _____ 什么工作? 당신은 무슨 일을 하세요?
Nǐ _____ shénme gōngzuò?

③ 我们一起去 _____。 우리 함께 갑시다.
Wǒmen yìqǐ qù _____.

쓰기 2
주어진 단어를 어순에 맞게 배열하세요.

① 在　你爸爸　工作　哪儿
　　zài　nǐ bàba　gōngzuò　nǎr

_____? 당신의 아버지는 어디에서 일하세요?
_____?

② 跟朋友　我　餐厅　去　一起
　gēn péngyou　wǒ　cāntīng　qù　yìqǐ

_____。 나는 친구와 함께 식당에 가요.
_____.

③ 我们　一起　吧　吃　饭
　wǒmen　yìqǐ　ba　chī　fàn

_____。 우리 같이 식사합시다.
_____.

풀이노트 01

보기

- A 跟 gēn
- B 在 zài
- C 做 zuò
- D 吧 ba
- E 是 shì

① 我在家看电视。 나는 집에서 TV를 봐요.
   Wǒ zài jiā kàn diànshì.

② 你做什么工作? 당신은 무슨 일을 하세요?
   Nǐ zuò shénme gōngzuò?

③ 我们一起去吧。 우리 함께 갑시다.
   Wǒmen yìqǐ qù ba.

풀이노트 02

① 你爸爸在哪儿工作? 당신의 아버지는 어디에서 일하세요?
   Nǐ bàba zài nǎr gōngzuò?

② 我跟朋友一起去餐厅。 나는 친구와 함께 식당에 가요.
   Wǒ gēn péngyou yìqǐ qù cāntīng.

③ 我们一起吃饭吧。 우리 같이 식사합시다.
   Wǒmen yìqǐ chī fàn ba.

unit 09 필기시험

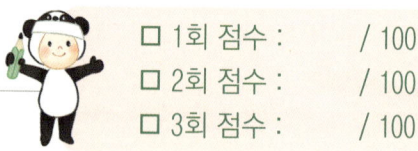

제한 시간 30분

☐ 1회 점수 :　　　　/ 100
☐ 2회 점수 :　　　　/ 100
☐ 3회 점수 :　　　　/ 100

▶반복 재시험은 CD안의 재시험용 PDF 파일을 활용하세요~

01 녹음을 듣고 빈칸에 알맞은 한어병음을 쓰세요. (1문제 3점)

◎ Test 21

① x_____ c_____　　② c_____ m_____

③ g_____ s_____　　④ h_____ sh_____

02 녹음을 듣고 성조를 표시하세요. (1문제 3점)

◎ Test 22

① 跟 — gen　　② 一起 — yi qi

③ 非常 — fei chang　　④ 学习 — xue xi

03 다음 단어의 빈칸을 채우세요. (1문제 5점)

중국어	병음	뜻
① 做	zuò	
②	zài	~에서
③ 休息		쉬다, 휴식하다
④ 工作		일, 일하다

04 다음 문장을 바르게 고치세요. (1문제 8점)

① 你跟哪儿工作？당신은 어디에서 일하세요?

▶ _____

② 她咖啡厅喝茶。그녀는 커피숍에서 차를 마셔요.

▶ _____

③ 他做医生。그는 의사예요.

▶ _____

④ 我跟妈妈去一起中国。나는 엄마와 같이 중국에 가요.

▶ _____

05 알맞은 대화의 짝을 찾아서 연결하세요. (1문제 6점)

① 你做什么工作？　　　　　・　　・ 他在学校工作。

② 我们去餐厅，你也去吧。・　　・ 我跟老师一起学习。

③ 你跟谁一起学习？　　　　・　　・ 好，我也去。

④ 你爸爸在哪儿工作？　　　・　　・ 我是医生。

unit 09 문제 풀이

듣기

01 녹음을 듣고 빈칸에 알맞은 한어병음을 쓰세요. (1문제 3점)

① x____c____
② c____m____
③ g____s____
④ h____sh____

02 녹음을 듣고 성조를 표시하세요. (1문제 3점)

① 跟 — gen
② 一起 — yi qi
③ 非常 — fei chang
④ 学习 — xue xi

어휘

03 다음 단어의 빈칸을 채우세요. (1문제 5점)

중국어	병음	뜻
① 做	zuò	
②	zài	~에서
③ 休息		쉬다, 휴식하다
④ 工作		일, 일하다

01

① xiàcì
  ▶ 이 문제를 틀렸을 경우에는 P.220를 다시 한번 확인 학습해 주세요.

② cōngming
  ▶ 이 문제를 틀렸을 경우에는 P.220를 다시 한번 확인 학습해 주세요.

③ gōngsī
  ▶ 이 문제를 틀렸을 경우에는 P.162를 다시 한번 확인 학습해 주세요.

④ hùshi
  ▶ 이 문제를 틀렸을 경우에는 P.214를 다시 한번 확인 학습해 주세요.

02

① gēn
  ▶ 이 문제를 틀렸을 경우에는 P.216를 다시 한번 확인 학습해 주세요.

② yìqǐ
  ▶ 이 문제를 틀렸을 경우에는 P.190를 다시 한번 확인 학습해 주세요.

③ fēicháng
  ▶ 이 문제를 틀렸을 경우에는 P.220를 다시 한번 확인 학습해 주세요.

④ xuéxí
  ▶ 이 문제를 틀렸을 경우에는 P.217를 다시 한번 확인 학습해 주세요.

03

① 做   zuò   하다
  ▶ 이 문제를 틀렸을 경우에는 P.214를 다시 한번 확인 학습해 주세요.

② 在   zài   ~에서
  ▶ 이 문제를 틀렸을 경우에는 P.214를 다시 한번 확인 학습해 주세요.

③ 休息   xiūxi   쉬다, 휴식하다
  ▶ 이 문제를 틀렸을 경우에는 P.212를 다시 한번 확인 학습해 주세요.

④ 工作   gōngzuò   일, 일하다
  ▶ 이 문제를 틀렸을 경우에는 P.212를 다시 한번 확인 학습해 주세요.

✏️ 쓰기

04 다음 문장을 바르게 고치세요. (1문제 8점)

① 你跟哪儿工作?
당신은 어디에서 일하세요?

② 她咖啡厅喝茶。
그녀는 커피숍에서 차를 마셔요.

③ 他做医生。 그는 의사예요.

④ 我跟妈妈去一起中国。
나는 엄마와 같이 중국에 가요.

04

① 你跟哪儿工作? → 你在哪儿工作?
당신은 어디에서 일하세요?
▶ 이 문제를 틀렸을 경우에는 P.210를 다시 한번 확인 학습해 주세요.

② 她咖啡厅喝茶。 → 她在咖啡厅喝茶。
그녀는 커피숍에서 차를 마셔요.
▶ 이 문제를 틀렸을 경우에는 P.217를 다시 한번 확인 학습해 주세요.

③ 他做医生。 → 他是医生。
그는 의사예요.
▶ 이 문제를 틀렸을 경우에는 P.219를 다시 한번 확인 학습해 주세요.

④ 我跟妈妈去一起中国。 → 我跟妈妈一起去中国。
나는 엄마와 같이 중국에 가요.
▶ 이 문제를 틀렸을 경우에는 P.217를 다시 한번 확인 학습해 주세요.

회화

05 알맞은 대화의 짝을 찾아서 연결하세요. (1문제 6점)

① 你做什么工作? · · 他在学校工作。
② 我们去餐厅, · · 我跟老师一起
你也去吧。　　学习。
③ 你跟谁一起学习? · · 好, 我也去。
④ 你爸爸在哪儿工作? · · 我是医生。

05

① 你做什么工作? · · 他在学校工作。
② 我们去餐厅, 你也去吧。 · · 我跟老师一起学习。
③ 你跟谁一起学习? · · 好, 我也去。
④ 你爸爸在哪儿工作? · · 我是医生。

① A: 你做什么工作? 　당신은 무슨 일을 해요?
　 B: 我是医生。 　　　나는 의사예요.

② A: 我们去餐厅, 你也去吧。 우리는 식당에 가는데, 당신도 갑시다.
　 B: 好, 我也去。 　　　좋아요, 나도 갈게요.

③ A: 你跟谁一起学习? 　당신은 누구와 공부해요?
　 B: 我跟老师一起学习。 나는 선생님과 함께 공부해요.

④ A: 你爸爸在哪儿工作? 당신 아버지는 어디에서 일해요?
　 B: 他在学校工作。 　 그는 학교에서 일해요.
▶ 이 문제를 틀렸을 경우에는 P.217, P219를 다시 한번 확인 학습해 주세요.

티엔티엔 생각펼치기 聊一聊

나의 일 (我的工作 wǒ de gōngzuò)

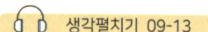 생각펼치기 09-13

个体户 gètǐhù
개인사업자

医生 yīshēng
의사

家庭主妇 jiātíng zhǔfù
가정주부

公司职员 / 上班族 gōngsī zhíyuán / shàngbān zú
회사원 / 직장인(샐러리맨)

总经理 zǒngjīnglǐ
(기업의) 최고 경영자

歌手 gēshǒu
가수

护士 hùshi
간호사

公务员 gōngwùyuán
공무원

演员 yǎnyuán
배우, 연기자

导演 dǎoyǎn
감독

중국의 청춘

Q 퀴즈 중국의 학교생활에 대해 바르지 않은 것은 어느 것일까요?

① 중국에서는 학교에서 군사훈련을 한다.

② 중국학교와 회사에서는 공식적으로 낮잠 자는 시간이 있다.

③ 중국의 수능시험은 11월에 치른다.

④ 중국 대학생은 대부분 학교 기숙사 생활을 한다.

정답 : ③

① 중국은 한국과 달리 고등학생과 대학생에게 의무적으로 군사훈련을 이수하게 해요. 9월 입학 후에 남녀 구분 없이 2~5주간 군사훈련을 받는다고 하는데 이유는 단순히 군사적 소양을 넓힌다기 보다는 신입생 전체가 함께 단결하며 협동심을 기르는 것이 훈련의 목표라고 하네요.

② 지역과 기관에 따라 약간의 차이가 있지만 중국에서는 낮잠문화가 오래 전부터 정착되어 있어요. 길게는 점심시간을 포함해 2시간 이상을 잘 수 있는데, 교실과 사무실까지 모두 불을 꺼놓고 취침을 하기 때문에 학습이나 업무 효율을 높일 수 있는 장점이 있어요. 다만 그만큼 업무시간이 줄기 때문에 관공서 등에서 업무를 처리해야 할 때는 시간을 잘 확인하고 가야 허탕 치는 일이 없겠죠!

③ 중국은 우리와 달리 9월에 학기를 시작하기 때문에 우리나라처럼 11월에 대학입학시험을 보지 않고 초여름인 6월, 혹은 7월경에 시험을 치르게 됩니다. 중국의 대학입학시험은 '高考(까오 카오)'라고 하는데 2~3일에 걸쳐 시험을 보며 매해 많은 수의 응시자가 시험에 참가하기 때문에 시험 당일에는 국가 전체가 비상체제로 돌입하게 된다네요!

④ 지역과 학교마다 약간의 차이는 있지만 중국의 대학생은 전원 기숙사 생활을 원칙으로 하고 있어요. 최근에는 입학을 결정하는 중요한 요소로 대학 시설에 대한 관심이 증가하고 있기 때문에 중국 대학에서는 학생들의 생활 편의를 위해 많은 개선의 노력을 기울인다고 합니다.

unit 10
你今年多大?
Nǐ jīnnián duō dà?

〈동영상 강의〉

unit 10

〈오디오 강의〉

unit 10-1

unit 10-2

당신은 올해 나이가 어떻게 되세요?

알아두어야 할 학습 사항

중국어로 나이 묻기

☐ 你今年多大？ Nǐ jīnnián duō dà? 당신은 올해 나이가 어떻게 되세요?

2시간만에 끝내는 독학 Plan

	학습 항목	학습 시간	학습 체크			학습 메모
1	동영상 강의 또는 오디오 강의	15분	☐1회	☐2회	☐3회	
2	요것만은 꼭꼭 Point (234~237p)	15분	☐1회	☐2회	☐3회	
3	실전처럼 술술 Speaking (238~241p)	15분	☐1회	☐2회	☐3회	
4	회화실력 쑥쑥 Conversation (242~243p)	15분	☐1회	☐2회	☐3회	
5	내 귀에 쏙쏙 Listening (244~245p)	15분	☐1회	☐2회	☐3회	
6	손으로 또박또박 Writing (246~247p)	15분	☐1회	☐2회	☐3회	
7	10과 필기시험 (248~251p)	30분	☐50점 미만	☐51~80점	☐81~100점	

- 50점 미만 : unit 전체 1~2회 반복 학습
- 51점~80점 : 틀린 부분 다시 학습
- 81점~100점 : 다음 unit 진행 OK~!!

 요것만은 꼭꼭~ 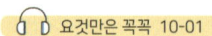 요것만은 꼭꼭 10-01  Point

어법 1 명사가 술어자리에 오는 '명사술어문'

타　진 니엔　싼　스 쑤에이
她　今年　三十岁。
Tā　jīnnián　sānshí suì.

그녀는 올해 서른 살이에요.

- 今年 올해, 금년
  jīnnián
- 岁 살, 세
  suì
- 明天 내일
  míngtiān
- 星期天 명 일요일
  xīngqītiān
- 现在 명 현재, 지금
  xiànzài
- 点 양 시
  diǎn

중국어는 일반적으로 '가다, 먹다' 등의 동사나 '예쁘다, 크다' 등의 형용사가 문장의 술어 역할을 해요. 그러나 때로는 '명사나 수량사' 등이 술어로 쓰이게 되는데 이것을 '명사술어문'이라고 합니다.
이러한 '명사술어문'은 주로 '시간, 나이, 날짜' 등을 나타내는 문장에 쓰여요.

주어 + **술어** (시간·나이·가격·날짜 등)

타　진 니엔　얼 스 쑤에이
她　今年　二十岁。　그녀는 올해 스무 살이에요. (나이)
Tā　jīnnián　èrshí suì.

밍 티엔　싱 치 티엔
明天　星期天。　내일은 일요일이에요. (날짜, 요일)
Míngtiān　xīngqītiān.

시엔 짜이　치 디엔
现在　七点。　지금은 일곱 시예요. (시간)
Xiànzài　qī diǎn.

★ '~이다'로 해석되지만 동사 '是'를 생략하고, 시간, 나이 등을 술어자리에 바로 써요.

어법 2 '多 duō' 의문문

니 뚜오 따
你 多 大?
Nǐ duō dà?

나이가 어떻게 되세요?

'多 duō'는 '많다'라는 뜻과 함께 '얼마나'라는 정도를 묻는 의문문을 만들기도 해요.
'多 duō'가 의문문을 만들 때는 일반적으로 뒤에 한 글자로 된 형용사와 결합하는데 예를 들면,

多 +
- 따 大 크다 dà
- 까오 高 높다(키가 크다) gāo
- 쭝 重 무겁다 zhòng
- 창 长 길다 cháng
- 위엔 远 멀다 yuǎn

등의 적극적인 의미를 가진 1음절 형용사와 결합하여 '얼마나 ~입니까?'라는 의미의 의문문을 만들어요.

□ 多 duō
 ⓐ 얼마나(의문문에 쓰여 정도를 나타냄)
 ⓑ 많다

□ 米 ⓐ 미터
 mǐ

〈나이 및 크기를 묻는 표현〉
뚜오 따
多大? 얼마나 커요?
duō dà

〈사람의 키, 높이 등을 묻는 표현〉
뚜오 까오
多高? 얼마나 높아요?
duō gāo

〈무게, 몸무게를 묻는 표현〉
뚜오 쭝
多重? 얼마나 무거워요?
duō zhòng

〈길이를 묻는 표현〉
뚜오 창
多长? 얼마나 길어요?
duo cháng

〈거리를 묻는 표현〉
뚜오 위엔
多远? 얼마나 멀어요?
duō yuǎn

unit 10 你今年多大? Nǐ jīnnián duō dà? 235

 요것만은 꼭꼭~  요것만은 꼭꼭 10-02 Point

① A: 你 多 大?
　　　니 뚜오 따
　　　Nǐ duō dà? 나이가 어떻게(얼마나) 되세요?

　B: 我 二十九岁。
　　　워 얼스 지우 쑤에이
　　　Wǒ èrshí jiǔ suì. 저는 스물아홉 살이에요.

② A: 你 多 高?
　　　니 뚜오 까오
　　　Nǐ duō gāo? 키가 얼마나 되세요?

　B: 我 一米七。
　　　워 이 미 치
　　　Wǒ yì mǐ qī. 저는 1미터70(170cm)이에요.

어법 3 나이와 띠를 묻는 표현

你 几岁(了)?
니 지 쑤에이 (러)
Nǐ jǐ suì (le)? 몇 살이니?

중국어로 나이를 물을 때는 상대방의 연령에 따라 각각 다르게 질문합니다.

★ 나이를 묻는 표현 포인트 하나

상대방이 10세 이하의 어린 아이인 경우

A: 你 几岁(了)?
　　니 지 쑤에이 (러)
　　Nǐ jǐ suì le? 몇 살이니?

B: 我 八岁(了)。
　　워 빠 쑤에이 (러)
　　Wǒ bāsuì le. 여덟 살이에요.

☐ 了 le
조 문장 끝에 쓰여 변화 또는 새로운 상황의 출현을 나타냅니다.

☐ 年纪 명 나이, 연세 niánjì

★ 나이를 묻는 표현 포인트 (둘)

상대방이 동년배인 경우

A: 你 多大(了)?
   Nǐ duō dà le?
   니 뚜오 따 (러)
   나이가 어떻게 되세요?

B: 我 二十九 岁(了)。
   Wǒ èrshí jiǔ suì le.
   워 얼 스 지오우 쑤에이 (러)
   스물아홉 살이에요.

★ 나이를 묻는 표현 포인트 (셋)

상대방이 웃어른인 경우

A: 您 多大 年纪(了)?
   Nín duō dà niánjì (le)?
   닌 뚜오 따 니엔 지 (러)
   연세가 어떻게 되세요?

B: 我 七十八 岁(了)。
   Wǒ qīshí bā suì (le).
   워 치 스 빠 쑤에이 (러)
   일흔 여덟이에요.

★ 띠를 묻는 표현

상대방의 띠를 물을 때는 '~띠이다'의 뜻을 나타내는 동사 '属 shǔ'를 사용하여 질문해요.

□ 属 shǔ
  ⓒ ~에 속하다
  ~띠이다
□ 狗 ⓒ 개
  gǒu

A: 你 属 什么?
   Nǐ shǔ shénme?
   니 슈 션 머
   당신은 무슨 띠예요?

B: 我 属 狗。
   Wǒ shǔ gǒu.
   워 슈 꺼우
   저는 개띠예요.

실전처럼 술술~

실전처럼 술술 10-03

Speaking

01 다음 그림을 보고 연령에 맞게 질문하고 답하세요.

보기 1

三十岁
sānshí suì

A: 1. 你几岁? 2. 你多大? 3. 您多大年纪?
　　Nǐ jǐ suì?　　Nǐ duō dà?　　Nín duō dà niánjì?

B: 我三十岁。
　　Wǒ sānshí suì.

①
七十二岁
qīshí'èr suì
일흔 둘

②
二十二岁
èrshí èr suì
스물 두 살

③
八岁
bā suì
여덟 살

보기 2

狗
gǒu

A: 你属什么?
　　Nǐ shǔ shénme?

B: 我属狗。
　　Wǒ shǔ gǒu.

①
兔 tù 토끼

②
牛 niú 소

③
鼠 shǔ 쥐

 듣고 말하기 훈련용 10-04

三十岁
sānshí suì
서른살

A: 1. 你几岁? 2. 你多大? 3. 您多大年纪?
　　 Nǐ jǐ suì? 　　Nǐ duō dà? 　　Nín duō dà niánjì?
　　 몇 살이니?　 나이가 어떻게 되세요? 연세가 어떻게 되세요?

B: 我三十岁。　서른살이에요.
　 Wǒ sānshí suì.

① A: 您多大年纪?　연세가 어떻게 되세요?
　　 Nín duō dà niánjì?

　 B: 我七十二岁。　일흔 둘이에요.
　　 Wǒ qīshí'èr suì.

② A: 你多大?　나이가 어떻게 되세요?
　　 Nǐ duō dà?

　 B: 我二十二岁。　스물 두 살이에요.
　　 Wǒ èrshí èr suì.

③ A: 你几岁?　몇 살이니?
　　 Nǐ jǐ suì?

　 B: 我八岁。　여덟 살이에요.
　　 Wǒ bā suì.

狗
gǒu
개

A: 你属什么?　당신은 무슨 띠예요?
　 Nǐ shǔ shénme?

B: 我属狗。　저는 개띠예요.
　 Wǒ shǔ gǒu.

① A: 你属什么?　당신은 무슨 띠예요?
　　 Nǐ shǔ shénme?

　 B: 我属兔。　저는 토끼띠예요.
　　 Wǒ shǔ tù.

② A: 你属什么?　당신은 무슨 띠예요?
　　 Nǐ shǔ shénme?

　 B: 我属牛。　저는 소띠예요.
　　 Wǒ shǔ niú.

③ A: 你属什么?　당신은 무슨 띠예요?
　　 Nǐ shǔ shénme?

　 B: 我属鼠。　저는 쥐띠예요.
　　 Wǒ shǔ shǔ.

□ 兔 ⓚ 토끼
　 tù

□ 牛 ⓚ 소
　 niú

□ 鼠 ⓚ 쥐
　 shǔ

 **실전처럼 술술~** 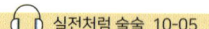 실전처럼 술술 10-05  Speaking

02 보기와 같이 단어와 문형을 연습하세요.

보기

大 / 三十岁
dà / sānshí suì

A: 他多**大**?
　 Tā duō dà?

B: 他**三十岁**。
　 Tā sānshí suì.

① 高 gāo
一米八 yì mǐ bā 1미터 80

A: 他多 _____?
　 Tā duō _____?

B: 他 _____。
　 Tā _____.

② 重 zhòng
四公斤 sì gōngjīn 4kg

A: 他多 _____?
　 Tā duō _____?

B: 他 _____。
　 Tā _____.

풀이노트 02 🎧 듣고 말하기 훈련용 10-06

大 / 三十岁
dà / sānshí suì
크다 / 서른살

A: 他多**大**? 　그는 나이가 어떻게 돼요?
　　Tā duō dà?

B: 他**三十岁**。　서른살이에요.
　　Tā sānshí suì.

① A: 他多**高**? 　그는 키가 어떻게 되나요?
　　　Tā duō gāo?

　 B: 他**一米八**。　180cm예요.
　　　Tā yì mǐ bā.

② A: 他多**重**? 　그는 몸무게가 얼마나 나가요?
　　　Tā duō zhòng?

　 B: 他**四公斤**。　4kg이에요.
　　　Tā sì gōngjīn.

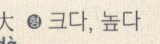

□ 大 ❷ 크다, 높다
　 dà

□ 高 ❷ 높다, 크다
　 gāo

□ 重 ❷ 무겁다
　 zhòng

□ 公斤 ❷ 킬로그램(kg)
　 gōngjīn

★ 중국에서는 몸무게를 'kg 公斤 gōngjīn'으로 표현하기도 하지만, '근'에 해당하는 '斤 jīn'을 더 많이 사용해요. 1근은 500g으로, 여기서 대답은 '他四公斤。Tā sì gōngjīn.' 또는 '他八斤。Tā bā jīn.'도 가능해요.

회화실력 쑥쑥~

🎧 천천히 읽기 10-08
🎧 빠르게 읽기 10-09
🎧 따라 읽기 10-10

Conversation

(美娜的) 哥哥 (Měinà de) gēge	你今年多大? Nǐ jīnnián duō dà?	니 진 니엔 뚜오 따
(王明的) 姐姐 (Wáng Míng de) jiějie	今年三十岁。 Jīnnián sānshí suì.	진 니엔 싼 스 쑤에이
哥哥 gēge	你父母今年多大年纪? Nǐ fùmǔ jīnnián duō dà niánjì?	니 푸무 진 니엔 뚜오 따 니엔 지
姐姐 jiějie	我父亲今年六十岁,我母亲今年五十六。 Wǒ fùqin jīnnián liùshí suì, Wǒ mǔqin jīnnián wǔshí liù.	워 푸 친 진 니엔 리오우 스 쑤에이 워 무 친 진 니엔 우 스리오우
哥哥 gēge	你个子挺高的,你多高? Nǐ gèzi tǐng gāo de, nǐ duō gāo?	니 꺼즈 팅 까오 더 니 뚜오 까오
姐姐 jiějie	一米六八。你属什么? Yì mǐ liù bā. Nǐ shǔ shénme?	이 미 리오우 빠 니 슈 션머
哥哥 gēge	我属狗。 Wǒ shǔ gǒu.	워 슈 꺼우

🎧 한국어를 중국어로 10-11

미나의 오빠	당신은 올해 나이가 어떻게 되세요?
왕밍의 누나	올해 서른 살이에요.
오빠	당신의 부모님은 올해 연세가 어떻게 되세요?
누나	아버지는 올해 예순이시고, 어머니는 올해 쉰여섯이에요.
오빠	당신 키가 꽤 크네요. 키가 얼마나 돼요?
누나	168cm예요. 당신은 무슨 띠예요?
오빠	저는 개띠예요.

어휘표현

🎧 어휘 표현 10-07

今年 [jīnnián] 명 올해, 금년
岁 [suì] 명 살, 세
父亲 [fùqin] 명 부친, 아버지
挺 [tǐng] 부 꽤, 매우, 제법
属 [shǔ] 동 (십이지의) ~띠이다

多 [duō] 부 얼마나(의문문에 쓰여 정도를 나타냄) 형 많다
父母 [fùmǔ] 명 부모
母亲 [mǔqin] 명 모친, 어머니
高 [gāo] 형 (높이가) 높다, (키다) 크다
狗 [gǒu] 명 개 (동물)

年纪 [niánjì] 명 연세, 나이
个子 [gèzi] 명 키
米 [mǐ] 양 미터 (meter)

01 명사술어문의 부정

'나이, 시간, 날짜' 등을 나타내는 명사술어문의 긍정형은 동사 '是 shì'를 쓰지 않지만, 부정문을 만들 때는 이들 명사 앞에 '不'만 넣어서는 안되며, 반드시 '不是 bú shì'로 부정을 나타내야 해요. .

她二十岁。 Tā èrshí suì. 그녀는 스무 살이에요.
她不是二十岁。 Tā bú shì èrshí suì. 그녀는 스무 살이 아니에요.
现在不是八点。 Xiànzài bú shì bā diǎn. 지금은 여덟 시가 아니에요.

02 '나이'와 '키' 표현의 주의점

★ '岁 suì' 생략 가능

우리말에서도 나이를 대답할 때 '저는 올해 스물이에요'라고 하듯 중국어에서도 뒤에 몇 '살(세)'에 해당하는 '岁 suì'를 생략해서 말할 수 있어요. 단, 열 살 이하의 경우 '岁 suì'는 생략할 수 없어요.

我母亲今年七十六。 Wǒ mǔqin jīnnián qīshí liù. 저의 모친은 올해 일흔 여섯이에요.
他今年八岁。 Tā jīnnián bā suì. 그(아이)는 올해 여덟 살이에요.

★ 미터 읽는 법

'165cm'라고 표현할 때는 중국어로 '一米六十五 yì mǐ liùshí wǔ 일 미터 육십오' 혹은 '一米六五 yì mǐ liù wǔ 일 미터 육 오'로 표현할 수 있어요. 또한 160cm처럼 마지막 단위가 '0'으로 끝나는 경우는 뒤에 '0'은 생략하고 '一米六 yì mǐ liù'로 읽으면 됩니다.

我一米八三。 Wǒ yì mǐ bā sān. 저는 183cm예요.
她一米七。 Tā yì mǐ qī. 그녀는 170cm예요.

03 '매우 ~하다'의 '挺~(的) tǐng~(de)'

부사 '挺 tǐng'은 단독으로도 쓸 수 있지만 '挺~(的) tǐng~(de)'의 형식으로 쓰여 '매우(꽤) ~하다'의 정도를 강조해요.

她挺漂亮的。 Tā tǐng piàoliang de. 그녀는 매우 예뻐요.
他们都挺高兴的。 Tāmen dōu tǐng gāoxìng de. 그들은 모두 매우 기뻐해요.

 **내 귀에 쏙쏙~**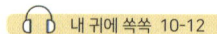

 녹음 내용과 일치하는 것끼리 서로 연결하세요.

① 他 Tā •   • 十五岁 shí wǔ suì •   • 鸡 jī

② 我 Wǒ •   • 四十三岁 sìshí sān suì •   • 虎 hǔ

③ 她们 Tāmen •   • 九岁 jiǔ suì •   • 狗 gǒu

 녹음을 듣고 제시된 문장의 옳고 그름을 표시하세요.

① 他个子很高。
　Tā gèzi hěn gāo.　　

② 我哥哥十八岁。
　Wǒ gēge shí bā suì.　　

③ 我父亲今年七十岁。
　Wǒ fùqin jīnnián qīshí suì.　　

풀이노트 01

① 他 Tā — 十五岁 shí wǔ suì — 鸡 jī

② 我 Wǒ — 四十三岁 sìshí sān suì — 虎 hǔ

③ 她们 Tāmen — 九岁 jiǔ suì — 狗 gǒu

> 정답: ① 他今年四十三岁，属虎。 그는 올해 마흔 세 살이고, 호랑이띠예요.
> Tā jīnnián sìshí sān suì, shǔ hǔ.
> ② 我今年十五岁，属狗。 나는 올해 열다섯 살이고, 개띠예요.
> Wǒ jīnnián shíwǔ suì, shǔ gǒu.
> ③ 她们今年九岁，属鸡。 그녀들은 올해 아홉살이고, 닭띠예요.
> Tāmen jīnnián jiǔ suì, shǔ jī.

풀이노트 02

① 他个子一米八，挺高的。   그는 키가 180cm예요, 매우 키가 커요.
　Tā gèzi yì mǐ bā, tǐng gāo de.

★ 他个子很高。 그는 키가 커요.   O
　Tā gèzi hěn gāo.

② 我弟弟十八岁，我哥哥二十五岁。
　Wǒ dìdi shí bā suì, Wǒ gēge èrshí wǔ suì.
　내 남동생은 열여덟 살이고, 형은 스물다섯 살이에요.

★ 我哥哥十八岁。 우리 형은 열여덟 살이에요.   X
　Wǒ gēge shí bā suì.

③ 我父亲今年七十二岁，我母亲今年七十岁。
　Wǒ fùqin jīnnián qīshí' èr suì, Wǒ mǔqin jīnnián qīshí suì.
　아버지는 올해 일흔 둘이시고, 어머니는 올해 일흔이에요.

★ 我父亲今年七十岁。 아버지는 올해 일흔이에요.   X
　Wǒ fùqin jīnnián qīshí suì.

정답: ① O　② X　③ X

unit 10 你今年多大？Nǐ jīnnián duō dà?

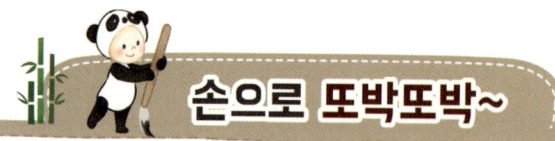 

쓰기 1
빈칸에 들어갈 알맞은 단어를 보기에서 고르세요.

보기
- A 大 dà
- B 挺 tǐng
- C 岁 suì
- D 属 shǔ
- E 年纪 niánjì

① 你哥哥今年多 _____?
Nǐ gēge jīnnián duō _____ ?
당신 형은 올해 나이가 어떻게 되세요?

② 你 _____ 什么?
Nǐ _____ shénme?
당신은 무슨 띠예요?

③ 今年三十 _____ 。
Jīnnián sānshí _____ .
올해 서른 살이에요.

쓰기 2
주어진 단어를 어순에 맞게 배열하세요.

① 多大 / 你 / 父母 / 年纪
   duō dà / nǐ / fùmǔ / niánjì
   _____?
   당신 부모님은 연세가 어떻게 되세요?

② 个子 / 他 / 挺 / 的 / 高
   gèzi / tā / tǐng / de / gāo
   _____。
   그는 키가 매우 커요.

③ 属 / 你 / 什么
   shǔ / nǐ / shénme
   _____?
   당신은 무슨 띠예요?

풀이노트 01

| 보기 |

- A 大 dà
- B 挺 tǐng
- C 岁 suì
- D 属 shǔ
- E 年纪 niánjì

① 你哥哥今年多大?
Nǐ gēge jīnnián duō dà?
당신 형은 올해 나이가 어떻게 되세요?

② 你属什么?
Nǐ shǔ shénme?
당신은 무슨 띠예요?

③ 今年三十岁。
Jīnnián sānshí suì.
올해 서른 살이에요.

풀이노트 02

① 你父母多大年纪?
Nǐ fùmǔ duō dà niánjì?
당신 부모님은 연세가 어떻게 되세요?

② 他个子挺高的。
Tā gèzi tǐng gāo de.
그는 키가 매우 커요.

③ 你属什么?
Nǐ shǔ shénme?
당신은 무슨 띠예요?

unit 10 필기시험

제한 시간 30분

□ 1회 점수 :   / 100
□ 2회 점수 :   / 100
□ 3회 점수 :   / 100

▶반복 재시험은 CD안의 재시험용 PDF 파일을 활용하세요~

듣기 01 녹음을 듣고 단어의 성조 혹은 한어병음을 쓰세요. (1문제 3점)

Test 23

① 年纪 — nian ji ② 公斤 — g____ j____

③ 长 — chang ④ 父母 — f____ m____

듣기 02 녹음을 듣고 녹음내용과 그림이 일치하면 O, 일치하지 않으면 X를 체크하세요. (1문제 5점)

Test 24

① (   )   ② 八岁 bā suì (   )

③ 狗 gǒu (   )   ④ (   )

어휘 03 다음 단어의 빈칸을 채우세요. (1문제 5점)

중국어	병음	뜻
①	duō	얼마나
② 岁		살, 세
③ 挺	tǐng	
④ 个子		키

04 다음 문장을 바르게 고치세요. (1문제 6점)

① 今年是三十岁。 올해 서른 살이에요.

▶ _____

② 他挺高了。 그는 매우 키가 커요.

▶ _____

③ 我是狗。 저는 개띠예요.

▶ _____

④ 她不二十岁。 그녀는 스무 살이 아니에요.

▶ _____

05 주어진 문장 중 내용이 서로 연결되는 문장을 골라 표시하세요. (1문제 6점)

| 보기 |

A 他今年八十。
B 一米六八。
C 我七岁。
D 我属兔。

① 你几岁?　　□

② 你父亲多大年纪?　　□

③ 她多高?　　□

④ 你属什么?　　□

unit 10 문제 풀이

🔊 듣기

01 녹음을 듣고 단어의 성조 혹은 한어병음을 쓰세요. (1문제 3점)

① 年纪 — nian ji
② 公斤 — g____ j____
③ 长 — chang
④ 父母 — f____ m____

02 녹음을 듣고 녹음내용과 그림이 일치하면 ○, 일치하지 않으면 X를 체크하세요. (1문제 5점)

① ( ) ② 八岁 bā suì ( )
③ 狗 gǒu ( ) ④ ( )

📖 어휘

03 다음 단어의 빈칸을 채우세요. (1문제 5점)

중국어	병음	뜻
①	duō	얼마나
② 岁		살, 세
③ 挺	tǐng	
④ 个子		키

01

① 年纪 — nián jì
▶ 이 문제를 틀렸을 경우에는 P.205를 다시 한번 확인 학습해 주세요.

② 公斤 — gōng jīn
▶ 이 문제를 틀렸을 경우에는 P.208를 다시 한번 확인 학습해 주세요.

③ 长 — cháng
▶ 이 문제를 틀렸을 경우에는 P.203를 다시 한번 확인 학습해 주세요.

④ 父母 — fù mǔ
▶ 이 문제를 틀렸을 경우에는 P.210를 다시 한번 확인 학습해 주세요.

02

① 他个子挺高的。 (○) 그는 키가 매우 커요.
▶ 이 문제를 틀렸을 경우에는 P.210를 다시 한번 확인 학습해 주세요.

② 我今年十岁 。 (X) 그는 올해 열 살이에요.
▶ 이 문제를 틀렸을 경우에는 P.202를 다시 한번 확인 학습해 주세요.

③ 我属狗。 (○) 나는 개띠예요.
▶ 이 문제를 틀렸을 경우에는 P.205를 다시 한번 확인 학습해 주세요.

④ 他多高? (X) 그는 키가 얼마나 돼요?
▶ 이 문제를 틀렸을 경우에는 P.209를 다시 한번 확인 학습해 주세요.

03

① 多 duō 얼마나
▶ 이 문제를 틀렸을 경우에는 P.203를 다시 한번 확인 학습해 주세요.

② 岁 suì 살, 세
▶ 이 문제를 틀렸을 경우에는 P.202를 다시 한번 확인 학습해 주세요.

③ 挺 tǐng 매우, 꽤
▶ 이 문제를 틀렸을 경우에는 P.210를 다시 한번 확인 학습해 주세요.

④ 个子 gèzi 키
▶ 이 문제를 틀렸을 경우에는 P.210를 다시 한번 확인 학습해 주세요.

✏️ 쓰기

04 다음 문장을 바르게 고치세요. (1문제 6점)

① 今年是三十岁。 올해 서른 살이에요.
_____

② 他挺高了。 그는 매우 키가 커요.
_____

③ 我是狗。 저는 개띠예요.
_____

④ 她不二十岁。 그녀는 스무 살이 아니에요.
_____

회화

05 주어진 문장 중 내용이 서로 연결되는 문장을 골라 표시하세요. (1문제 6점)

| 보기 |
| A 他今年八十。
| B 一米六八。
| C 我七岁。
| D 我属兔。

① 你几岁？

② 你父亲多大年纪？

③ 她多高？

④ 你属什么？

04

① 今年是三十岁。 → 今年三十岁。 올해 서른 살이에요.
▶ 이 문제를 틀렸을 경우에는 P.202를 다시 한번 확인 학습해 주세요.

② 他挺高了。 → 他挺高的。 그는 매우 키가 커요.
▶ 이 문제를 틀렸을 경우에는 P.210를 다시 한번 확인 학습해 주세요.

③ 我是狗。 → 我属狗。 저는 개띠예요.
▶ 이 문제를 틀렸을 경우에는 P.205를 다시 한번 확인 학습해 주세요.

④ 她不二十岁。 → 她不是二十岁。 그녀는 스무 살이 아니에요.
▶ 이 문제를 틀렸을 경우에는 P.211를 다시 한번 확인 학습해 주세요.

05

① A: 你几岁？ 너는 몇 살이니?
B: 我七岁。 저는 일곱 살이에요.   C

② A: 你父亲多大年纪？ 당신 부친은 연세가 어떻게 되세요?
B: 他今年八十。 그는 올해 여든이세요.   A

③ A: 她多高？ 그녀는 키가 얼마나 되나요?
B: 一米六八。 168cm예요.   B

④ A: 你属什么？ 당신은 무슨 띠예요?
B: 我属兔。 나는 토끼띠예요.   D

▶ 이 문제를 틀렸을 경우에는 P.207, P.209를 다시 한번 확인 학습해 주세요.

티엔티엔 생각펼치기

聊一聊

나의 띄 (我的属相 Wǒ de shǔxiang)

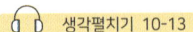

猪 zhū 돼지	鼠 shǔ 쥐
狗 gǒu 개	牛 niú 소
鸡 jī 닭	虎 hǔ 호랑이
	属 shǔ 띄	
猴 hóu 원숭이	兔 tù 토끼
羊 yáng 양	龙 lóng 용
马 mǎ 말	蛇 shé 뱀

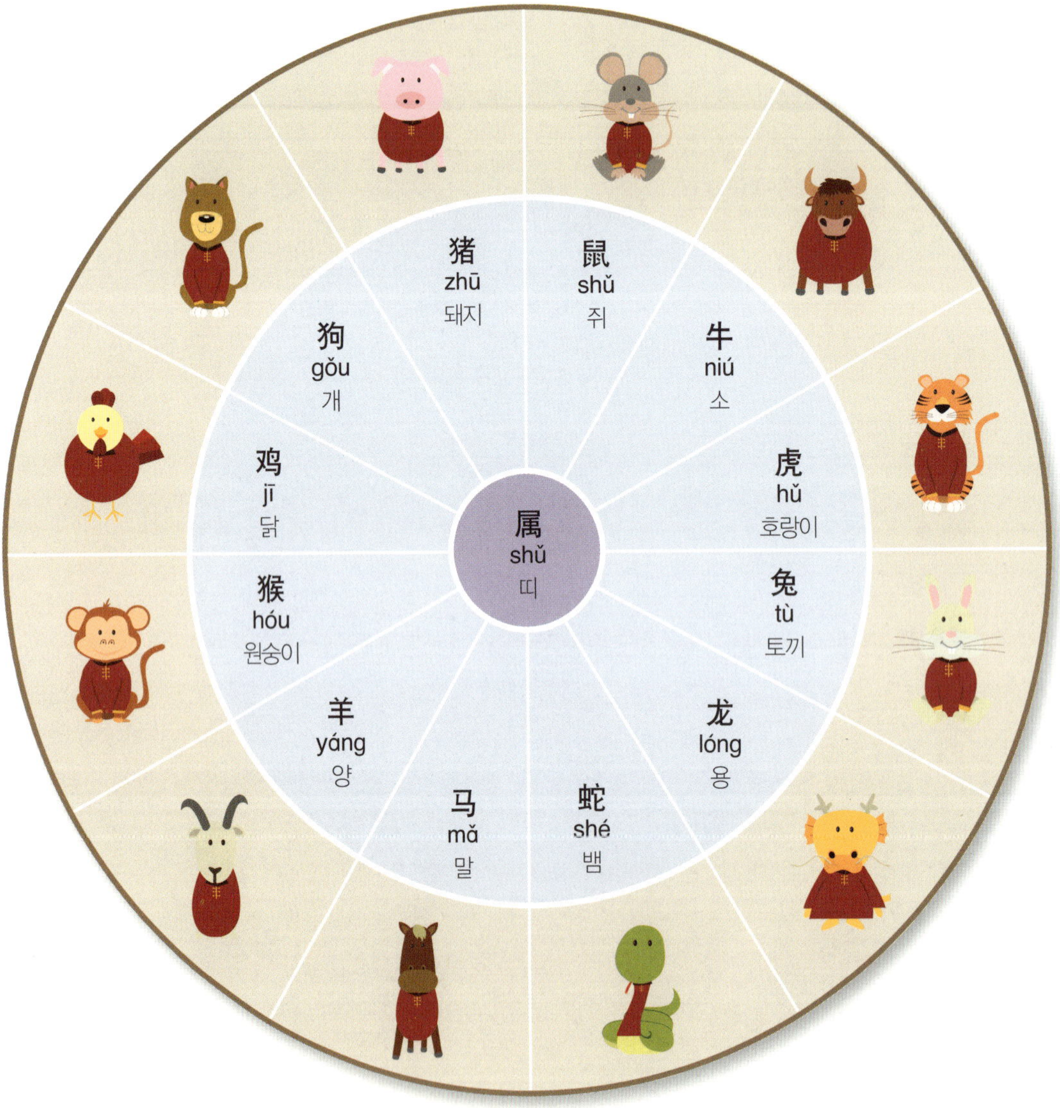

중국의 숫자 문화

Q 퀴즈 중국의 숫자 관련 문화로 바르지 않은 것은 어느 것일까요?

① 중국인들은 선물, 축의금, 음식의 개수 등 모두 짝수를 선호한다.

② 행운의 숫자로 통하는 숫자 7은 중국인들도 매우 좋아한다.

③ 모바일 메신저나 문자를 주고 받을 때 발음이 비슷한 숫자로 간단하게 표현하기도 한다.

④ 중국에서는 남자(신랑)보다 여자(신부)가 3살 많으면 재물을 크게 얻는다는 속담이 있다.

①, ③, ④ 모두 중국의 올바른 숫자 문화입니다.

정답 : ②

① 중국인들은 기본적으로 짝수를 선호하고, 홀수를 기피한답니다. 이는 좋은 일이 한번으로 그치지 않고 계속되기를 기원하는 마음때문이라고 하는데, 축의금, 선물, 심지어 과일도 홀수보다는 짝수로 구입한다고 해요.

② 행운의 숫자로 통하는 럭키 세븐 '7'은 동서고금을 막론하고 모두 좋아하지만 중국에서는 행운의 숫자로 여기기보다는 '화나다'의 'shēng qì 生气'와 숫자 '7 qī'의 발음이 비슷하다 하여 그다지 좋아하지는 않는다고 해요.

③ 우리나라에서도 발음이 비슷한 단어를 숫자로 간단하게 표현하는 것처럼 중국인들 역시 메신저나 문자를 통해 숫자로 대화하는 걸 좋아해요. '88'은 'bái bai 拜拜'와 음이 유사한 'bye-bye'의 의미를 대신하고, '7878'은 'qù ba qù ba 去吧去吧'의 '가자'의 뜻을 나타냅니다.

④ 우리나라에서 남녀 사이에 4살 차이는 궁합도 안 본다는 말이 있는데 중국에서는 '女大三, 抱金砖 nǚ dà sān, bào jīn zhuān'이라고 하여 '여자 나이가 남자보다 3살이 많으면 금 덩어리를 품에 안는다', 즉 '많은 재물을 얻는다'라는 이야기가 있다고 해요.

unit 11

今天几月几号?
Jīntiān jǐ yuè jǐ hào?

〈동영상 강의〉 〈오디오 강의〉

unit 11   unit 11-1   unit 11-2

오늘은 몇 월 며칠이에요?

알아두어야 할 학습 사항

중국어로 날짜 표현하기

☐ 今天五月十九号。 Jīntiān wǔ yuè shí jiǔ hào. 오늘은 5월 19일이에요.

2시간만에 끝내는 독학 Plan

	학습 항목	학습 시간	학습 체크			학습 메모
1	동영상 강의 또는 오디오 강의	15분	☐ 1회	☐ 2회	☐ 3회	
2	요것만은 꼭꼭 Point (256~257p)	15분	☐ 1회	☐ 2회	☐ 3회	
3	실전처럼 술술 Speaking (258~261p)	15분	☐ 1회	☐ 2회	☐ 3회	
4	회화실력 쑥쑥 Conversation (262~263p)	15분	☐ 1회	☐ 2회	☐ 3회	
5	내 귀에 쏙쏙 Listening (264~265p)	15분	☐ 1회	☐ 2회	☐ 3회	
6	손으로 또박또박 Writing (266~267p)	15분	☐ 1회	☐ 2회	☐ 3회	
7	11과 필기시험 (268~271p)	30분	☐ 50점 미만	☐ 51~80점	☐ 81~100점	

- 50점 미만 unit 전체 1~2회 반복 학습
- 51점~80점 틀린 부분 다시 학습
- 81점~100점 다음 unit 진행 OK~!!

 요것만은 꼭꼭~   요것만은 꼭꼭 11-01   **Point**

어법 1 날짜 관련 표현

> 진 티엔   우 위에 스 지오우 하오
> 今天　五月　十九号。
> Jīntiān wǔ yuè shí jiǔ hào.
>
> 오늘은 5월 19일입니다.

□ 月 명 월
　yuè

□ 号 명 일
　hào

□ 日 명 일, 날
　rì

□ 今天 명 오늘
　jīntiān

□ 星期 명 요일
　xīngqī

★ 〈월, 일〉 표현

'월'은 숫자 뒤에 '月 yuè'를 쓰고, '일'은 숫자 뒤에 '日 rì' 또는 '号 hào'를 씁니다. 회화에서는 주로 '号 hào'를 씁니다.

> 이 위에 얼 스 우 하오
> 一月 二十五号 (日)　1월 25일
> Yī yuè èrshí wǔ hào (rì)
>
> 스 얼 위에 싼 스 르
> 十二月 三十日 (号)　12월 30일
> Shí'èr yuè sānshí rì (hào)

> 　　진 티엔 지 위에 지 하오
> A: 今天　几月　几号？　　오늘은 몇 월 며칠이에요?
> 　　Jīntiān jǐ yuè jǐ hào?
>
> 　　진 티엔 얼 위에 얼스치 하오
> B: 今天　二月　二十七号。　오늘은 2월 27일이에요.
> 　　Jīntiān èr yuè èrshíqī hào.

★ 〈요일〉 표현

중국어로 요일은 '星期 xīngqī'로 표현합니다.

월	화	수	목	금	토	일
싱 치 이	싱 치 얼	싱 치 싼	싱 치 쓰	싱 치 우	싱 치 리오우	싱 치 티엔 (르)
星期一	星期二	星期三	星期四	星期五	星期六	星期天 (日)
xīngqīyī	xīngqī'èr	xīngqīsān	xīngqīsì	xīngqīwǔ	xīngqīliù	xīngqītiān(rì)

> 　　진 티엔 싱 치 지
> A: 今天　星期几？　　오늘은 무슨 요일이에요?
> 　　Jīntiān xīngqījǐ?
>
> 　　진 티엔 싱 치 우
> B: 今天　星期五。　　오늘은 금요일이에요.
> 　　Jīntiān xīngqīwǔ.

★ 중국어로 요일은 '星期 xīngqī' 뒤에 숫자로 표시하기 때문에, 요일을 물을 때에는 숫자를 묻는 의문사 '几 jǐ'를 이용하여 '星期几 xīngqī jǐ'로 질문해요.

어법 2 조동사 '想 xiǎng ~을 하고 싶다'

워 샹 칸 띠엔 잉
我 想 看 电影。   나는 영화를 보고 싶어요.
Wǒ xiǎng kàn diànyǐng.

조동사는 동사술어 앞에 놓여 동사를 도와주는 역할을 해요. '想 xiǎng'은 대표적인 조동사로 '~을 하고 싶다'라는 주관적인 '바람과 희망'을 나타냅니다.

주어 + 想 + 술어 + 목적어

□ 想 조 ~하고 싶다
xiǎng

□ 睡觉 동 잠 자다
shuì jiào

워 샹 허 카 페이
我 想 喝 咖啡。   나는 커피를 마시고 싶어요.
Wǒ xiǎng hē kāfēi.

타 샹 슈에이 쟈오
她 想 睡 觉。   그녀는 (잠을) 자고 싶어요.
Tā xiǎng shuì jiào.

조동사가 있는 문장에서 부정형을 만들 때 '不 bù'는 동사 앞이 아닌 조동사 앞에 놓입니다.

워 뿌 샹 허 카 페이
我 不 想 喝 咖啡。   나는 커피를 마시고 싶지 않아요.
Wǒ bù xiǎng hē kāfēi.

조동사가 있는 문장을 '정반의문문'으로 만들 때는 동사가 아닌 조동사의 긍정과 부정을 나열해야 합니다.

니 샹 부 샹 허 카 페이
你 想 不 想 喝 咖啡?   당신은 커피를 마시고 싶어요?
Nǐ xiǎng bu xiǎng hē kāfēi?

실전처럼 술술~

실전처럼 술술 11-02

01 보기와 같이 날짜 표현 문형을 연습하세요.

> 보기
>
> 八月十八号 / 星期三
> bā yuè shíbā hào / xīngqīsān
>
> A: 今天几月几号?
> Jīntiān jǐ yuè jǐ hào?
>
> B: 今天八月十八号。
> Jīntiān bā yuè shíbā hào.
>
> A: 今天星期几?
> Jīntiān xīngqījǐ?
>
> B: 今天星期三。
> Jīntiān xīngqīsān.

①

A: 明天几月几号?
　Míngtiān jǐ yuè jǐ hào?

B: 明天 _____。
　Míngtiān _____.

A: 明天星期几?
　Míngtiān xīngqījǐ?

B: 明天 _____。
　Míngtiān _____.

三月十四号/ 星期四
sān yuè shí sì hào / xīngqīsì

②

A: 你的生日是几月几号?
　Nǐ de shēngrì shì jǐ yuè jǐ hào?

B: 我的生日是 _____, 是 _____。
　Wǒ de shēngrì shì _____, shì _____.

六月二十五号/ 星期天
liù yuè èrshí wǔ hào / xīngqītiān

풀이노트 02 듣고 말하기 훈련용 11-03

八月十八号 / 星期三
bā yuè shíbā hào / xīngqīsān
8월 18일 / 수요일

A: 今天几月几号?   오늘은 몇 월 며칠이에요?
Jīntiān jǐ yuè jǐ hào?

B: 今天八月十八号。   오늘은 8월 18일이에요.
Jīntiān bā yuè shíbā hào.

A: 今天星期几?   오늘은 무슨 요일이에요?
Jīntiān xīngqījǐ?

B: 今天星期三。   오늘은 수요일이에요.
Jīntiān xīngqīsān.

① A: 明天几月几号?   내일은 몇 월 며칠이에요?
Míngtiān jǐ yuè jǐ hào?

B: 明天三月十四号。   내일은 3월 14일이에요.
Míngtiān sān yuè shísì hào.

A: 明天星期几?   내일은 무슨 요일이에요?
Míngtiān xīngqījǐ?

B: 明天星期四。   내일은 목요일이에요.
Míngtiān xīngqīsì.

② A: 你的生日是★几月几号?
Nǐ de shēngrì shì jǐ yuè jǐ hào?
당신의 생일은 몇 월 며칠이에요?

B: 我的生日是★六月二十五号，是星期天。
Wǒ de shēngrì shì liù yuè èrshí wǔ hào, shì xīngqītiān.
나의 생일은 6월 25일, 일요일이에요.

★ 일반적인 날짜를 나타낼 때는 동사 '**是** shì'를 생략하지만, 생일 등과 같은 특정적이고 확정 날짜를 표현할 때는 '**是**'를 넣어 강조합니다.

 **실전처럼 술술~** 　🎧 실전처럼 술술 11-04　

02 보기와 같이 단어와 문형을 연습하세요.

> 보기
>
> 看电影
> kàn diànyǐng
>
> A: 你想做什么?
> 　Nǐ xiǎng zuò shénme?
>
> B: 我想看电影。
> 　Wǒ xiǎng kàn diànyǐng.

①

睡觉
shuì jiào
잠자다

A: 你想做什么?
　Nǐ xiǎng zuò shénme?

B: 我想 _____。
　Wǒ xiǎng _____.

②

谈恋爱
tán liàn'ài
연애를 하다

A: 你想做什么?
　Nǐ xiǎng zuò shénme?

B: 我想 _____。
　Wǒ xiǎng _____.

③

逛街
guàng jiē
윈도우 쇼핑하다

A: 你想做什么?
　Nǐ xiǎng zuò shénme?

B: 我想 _____。
　Wǒ xiǎng _____.

  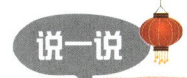

看电影
kàn diànyǐng
영화를 보다

A: 你想做什么? 당신은 무엇을 하고 싶어요?
Nǐ xiǎng zuò shénme?

B: 我想看电影。 나는 영화를 보고 싶어요.
Wǒ xiǎng kàn diànyǐng.

① A: 你想做什么? 당신은 무엇을 하고 싶어요?
　　Nǐ xiǎng zuò shénme?

　 B: 我想睡觉。 나는 잠을 자고 싶어요.
　　Wǒ xiǎng shuì jiào.

□ 睡觉 잠 자다
　shuì jiào

□ 谈恋爱 연애하다
　tán liàn'ài

□ 逛街 윈도우 쇼핑하다
　guàng jiē

② A: 你想做什么? 당신은 무엇을 하고 싶어요?
　　Nǐ xiǎng zuò shénme?

　 B: 我想谈恋爱。 나는 연애를 하고 싶어요.
　　Wǒ xiǎng tán liàn'ài.

③ A: 你想做什么? 당신은 무엇을 하고 싶어요?
　　Nǐ xiǎng zuò shénme?

　 B: 我想逛街。 나는 쇼핑을 하고 싶어요.
　　Wǒ xiǎng guàng jiē.

 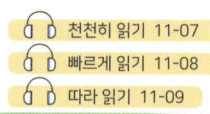 

회화실력 쑥쑥~

🎧 천천히 읽기 11-07
🎧 빠르게 읽기 11-08
🎧 따라 읽기 11-09

Conversation

小东 Xiǎodōng
진 티엔 지 위에 지 하오
今天几月几号？
Jīntiān jǐ yuè jǐ hào?

美珍 Měizhēn
진 티엔 우 위에 스 지오우 하오
今天五月十九号。
Jīntiān wǔ yuè shíjiǔ hào.

小东 Xiǎodōng
진 티엔 싱 치 지
今天星期几？
Jīntiān xīngqījǐ?

美珍 Měizhēn
진 티엔 싱 치 우
今天星期五。
Jīntiān xīngqīwǔ.

小东 Xiǎodōng
아　　밍 티엔 스 워 더 셩 르
啊，明天是我的生日。
À, míngtiān shì wǒ de shēngrì.

美珍 Měizhēn
스 마　　쭈 니 셩 르 콰이러
是吗？祝你生日快乐！
Shì ma? Zhù nǐ shēngrì kuàilè!

小东 Xiǎodōng
밍 티엔 니 샹 쭈오 션머
明天你想做什么？
Míngtiān nǐ xiǎng zuò shénme?

小东 Xiǎodōng
워 샹 칸 띠엔 잉
我想看电影。
Wǒ xiǎng kàn diànyǐng.

🎧 한국어를 중국어로 11-10

사오동　오늘은 몇 월 며칠이에요?
미진　　오늘은 5월 19일이에요.
사오동　오늘은 무슨 요일이에요?
미진　　오늘은 금요일이에요.
사오동　아, 내일은 제 생일이네요.
미진　　그래요? 생일 축하해요!
　　　　내일 당신은 뭘 하고 싶어요?
사오동　나는 영화를 보고 싶어요.

어휘표현

🎧 어휘 표현 11-06

今天 [jīntiān] 명 오늘
星期 [xīngqī] 명 주, 요일
明天 [míngtiān] 명 내일
快乐 [kuàilè] 형 즐겁다, 유쾌하다
电影 [diànyǐng] 명 영화

月 [yuè] 명 월, 달
星期五 [xīngqīwǔ] 명 금요일
生日 [shēngrì] 명 생일
想 [xiǎng] 조동 ~하고 싶다 동 생각하다, 그리워하다

号 [hào] 명 일, 날짜
啊 [à/a] 감 아! 왜! (놀람이나 감탄을 나타냄)
祝 [zhù] 동 기원하다, 축복하다

01 기타 날짜 관련 표현

〈요일〉

요일을 표현할 때 '星期 xīngqī' 대신 '礼拜 lǐbài, 周 zhōu'를 쓰기도 해요.

월	화	수	목	금	토	일	
礼拜一 lǐbàiyī	礼拜二 lǐbài'èr	礼拜三 lǐbàisān	礼拜四 lǐbàisì	礼拜五 lǐbàiwǔ	礼拜六 lǐbàiliù	礼拜天 lǐbàitiān	周末 (주말) zhōumò
周一 zhōuyī	周二 zhōu'èr	周三 zhōusān	周四 zhōusì	周五 zhōuwǔ	周六 zhōuliù	周日 zhōurì	

〈연도〉

연도를 읽을 때는 각 숫자를 하나씩 읽고 뒤에 '年 nián'을 붙여요.

1988년 一九八八年 yī jiǔ bā bā nián
2017년 二零一七年 èr líng yī qī nián
2020년 二零二零年 èr líng èr líng nián

02 祝你生日快乐！ Zhù nǐ shēngrì kuàilè! 생일 축하합니다!

'祝 zhù'는 '축복하다, 기원하다'라는 의미를 나타내요. 일반적으로 '祝 + 축원의 내용' 형식으로 상대방을 축원합니다.

祝你生日快乐！　　　생일 축하합니다!
Zhù nǐ shēngrì kuàilè!

祝你幸福！　　　　　행복하세요!
Zhù nǐ xìngfú!

이 밖에 중국에서도 우리와 같이 생일 축하노래를 불러 생일을 축하하는데, 'Happy birthday to you'의 생일 축하송 멜로디에 맞춰 '祝你生日快乐！' 가사만 반복하면 됩니다.

 **내 귀에 쏙쏙~**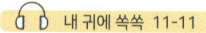

 녹음 내용과 일치하는 것끼리 서로 연결하세요.

① 今天 jīntiān · · 四月十日 sì yuè shí rì · · 星期五 xīngqīwǔ

② 明天 míngtiān · · 十月四日 shí yuè sì rì · · 星期一 xīngqīyī

③ 我的生日 wǒ de shēngrì · · 四月十四日 sì yuè shísì rì · · 星期日 xīngqīrì

 녹음을 듣고 제시된 문장의 옳고 그름을 표시하세요.

① 我星期天去中国。
Wǒ xīngqītiān qù Zhōngguó.

② 明天星期六。
Míngtiān xīngqīliù.

③ 大韩和民国都想去中国。
Dàhán hé Mínguó dōu xiǎng qù Zhōngguó.

풀이노트 01

① 今天 jīntiān — 四月十日 sì yuè shí rì — 星期五 xīngqīwǔ

② 明天 míngtiān — 十月四日 shí yuè sì rì — 星期一 xīngqīyī

③ 我的生日 wǒ de shēngrì — 四月十四日 sì yuè shísì rì — 星期日 xīngqīrì

> 정답 : ① 今天十月四号，星期日。 오늘은 10월 4일, 일요일이에요.
> Jīntiān shí yuè sì hào, xīngqīrì.
> ② 明天四月十号，星期一。 내일은 4월 10일, 월요일이에요.
> Míngtiān sì yuè shí hào, xīngqīyī.
> ③ 我的生日是四月十四号，星期五。 내 생일은 4월 14일, 금요일이에요.
> Wǒ de shēngrì shì sì yuè shísì hào, xīngqīwǔ.

풀이노트 02

① 今天星期六，我明天去中国。　오늘은 토요일이고, 저는 내일 중국에 가요.
Jīntiān xīngqīliù, wǒ míngtiān qù Zhōngguó.

　★ 我星期天去中国。　나는 일요일에 중국에 가요.　　O
　　Wǒ xīngqītiān qù Zhōngguó.

② A: 今天星期几？　오늘은 무슨 요일이에요?
　　Jīntiān xīngqījǐ?
　B: 今天星期四。　오늘은 목요일이에요.
　　Jīntiān xīngqīsì.

　★ 明天星期六。　내일은 토요일이에요.　　X
　　Míngtiān xīngqīliù.

③ 大韩想去中国，民国不想去中国。
Dàhán xiǎng qù Zhōngguó, Mínguó bù xiǎng qù Zhōngguó.
　대한은 중국에 가고 싶어 하고, 민국은 중국에 가고 싶어 하지 않아요.

　★ 大韩和民国都想去中国。　대한과 민국은 모두 중국에 가고 싶어 해요.　　X
　　Dàhán hé Mínguó dōu xiǎng qù Zhōngguó.

> 정답 : ① O　② X　③ X

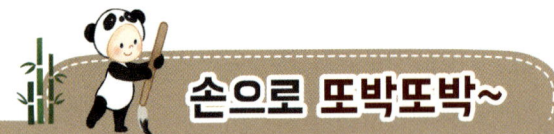 

쓰기 1

빈칸에 들어갈 알맞은 단어를 보기에서 고르세요.

보기
A 几 jǐ　　B 是 shì　　C 什么 shénme
D 月 yuè　　E 想 xiǎng

① 明天星期 _____ ?　　내일은 무슨 요일이에요?
　 Míngtiān xīngqī _____ ?

② 今天不是二 _____ 十号。　오늘은 2월 10일이 아니에요.
　 Jīntiān bú shì èr _____ shí hào.

③ 我不 _____ 看电视。　　나는 TV를 보고 싶지 않아요.
　 Wǒ bù _____ kàn diànshì.

쓰기 2

주어진 단어를 어순에 맞게 배열하세요.

① 月　号　几　今天　几
　 yuè　hào　jǐ　jīntiān　jǐ

_____ ?　오늘은 몇 월 며칠이에요?

② 想　你　看　吗　电影
　 xiǎng　nǐ　kàn　ma　diànyǐng

_____ 。　당신은 영화를 보고 싶어요?

③ 你　生日　祝　快乐
　 nǐ　shēngrì　zhù　kuàilè

_____ !　생일 축하합니다!

풀이노트 01

| 보기 |

- A 几 jǐ
- B 是 shì
- C 什么 shénme
- D 月 yuè
- E 想 xiǎng

① 明天星期几？
　Míngtiān xīngqī jǐ?
　내일은 무슨 요일이에요?

② 今天不是二月十号。
　Jīntiān bú shì èr yuè shí hào.
　오늘은 2월 10일이 아니에요.

③ 我不想看电视。
　Wǒ bù xiǎng kàn diànshì.
　나는 TV를 보고 싶지 않아요.

풀이노트 02

① 今天几月几号？
　Jīntiān jǐ yuè jǐ hào?
　오늘은 몇 월 며칠이에요?

② 你想看电影吗？
　Nǐ xiǎng kàn diànyǐng ma?
　당신은 영화를 보고 싶어요?

③ 祝你生日快乐！
　Zhù nǐ shēngrì kuàilè!
　생일 축하합니다!

unit 11 필기시험

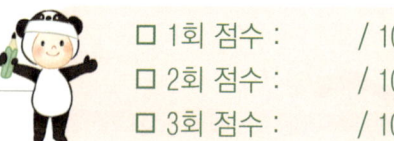

▶반복 재시험은 CD안의 재시험용 PDF 파일을 활용하세요~

듣기 01
Test 25

녹음을 듣고 단어의 성조 혹은 한어병음을 쓰세요. (1문제 3점)

① 零 — ling ② 生日 — sh____r____

③ 快乐 — k____l____ ④ 谈恋爱 — t____l____'____i

듣기 02
Test 26

녹음을 듣고 녹음내용과 그림이 일치하면 O, 일치하지 않으면 X를 체크하세요. (1문제 5점)

① (   )   ② (   )

③ (   )   ④ (   )

어휘 03

다음 단어의 빈칸을 채우세요. (1문제 5점)

중국어	병음	뜻
①	yuè	월, 달
② 号		일, 날짜
③ 想	xiǎng	
④ 星期		요일

04 다음 문장을 바르게 고치세요. (1문제 6점)

① 今天什么星期？ 오늘은 무슨 요일이에요?

▶ _____

② 明天星期七。 내일은 일요일이에요.

▶ _____

③ 我想不喝咖啡。 나는 커피를 마시고 싶지 않아요.

▶ _____

④ 你们想看不看电视？ 당신들은 TV를 보고 싶어요?

▶ _____

05 주어진 문장 중 내용이 서로 연결되는 문장을 골라 표시하세요. (1문제 6점)

| 보기 |

A 三月十七号。
B 星期六。
C 我想喝茶。
D 祝你生日快乐！

① 明天星期几？ ☐

② 你想做什么？ ☐

③ 今天是我的生日。 ☐

④ 今天几月几号？ ☐

unit 11 문제 풀이

듣기

01 녹음을 듣고 단어의 성조 혹은 한어병음을 쓰세요. (1문제 3점)

① 零 — ling
② 生日 — sh____ r____
③ 快乐 — k____ l____
④ 谈恋爱 — t____ l____'____i

02 녹음을 듣고 녹음내용과 그림이 일치하면 O, 일치하지 않으면 X를 체크하세요. (1문제 5점)

① (   ) ② (   )
③ (   ) ④ (   )

어휘

03 다음 단어의 빈칸을 채우세요. (1문제 5점)

중국어	병음	뜻
①	yuè	월, 달
② 号		일, 날짜
③ 想	xiǎng	
④ 星期		요일

01

① 零 — líng
▶ 이 문제를 틀렸을 경우에는 P.160를 다시 한번 확인 학습해 주세요.

② 生日 — shēng rì
▶ 이 문제를 틀렸을 경우에는 P.226를 다시 한번 확인 학습해 주세요.

③ 快乐 — kuài lè
▶ 이 문제를 틀렸을 경우에는 P.230를 다시 한번 확인 학습해 주세요.

④ 谈恋爱 — tán liàn'ài
▶ 이 문제를 틀렸을 경우에는 P.228를 다시 한번 확인 학습해 주세요.

02

① 今天星期一。 (X) 오늘은 월요일이에요.
▶ 이 문제를 틀렸을 경우에는 P.224를 다시 한번 확인 학습해 주세요.

② 明天是我的生日。 (X) 내일은 내 생일이에요.
▶ 이 문제를 틀렸을 경우에는 P.230를 다시 한번 확인 학습해 주세요.

③ 我想看电影。 (O) 나는 영화를 보고 싶어요.
▶ 이 문제를 틀렸을 경우에는 P.225를 다시 한번 확인 학습해 주세요.

④ 今天五月三号。 (O) 오늘은 5월 3일이에요.
▶ 이 문제를 틀렸을 경우에는 P.224를 다시 한번 확인 학습해 주세요.

03

① 月   yuè   월, 달
▶ 이 문제를 틀렸을 경우에는 P.224를 다시 한번 확인 학습해 주세요.

② 号   hào   일, 날짜
▶ 이 문제를 틀렸을 경우에는 P.224를 다시 한번 확인 학습해 주세요.

③ 想   xiǎng   ~하고 싶다
▶ 이 문제를 틀렸을 경우에는 P.225를 다시 한번 확인 학습해 주세요.

④ 星期   xīngqī   요일
▶ 이 문제를 틀렸을 경우에는 P.224를 다시 한번 확인 학습해 주세요.

쓰기

04 다음 문장을 바르게 고치세요. (1문제 6점)

① 今天什么星期？ 오늘은 무슨 요일이에요?

② 明天星期七。 내일은 일요일이에요.

③ 我想不喝咖啡。 나는 커피를 마시고 싶지 않아요.

④ 你们想看不看电视？ 당신들은 TV를 보고 싶어요?

회화

05 주어진 문장 중 내용이 서로 연결되는 문장을 골라 표시하세요. (1문제 6점)

| 보기 |
A 三月十七号。
B 星期六。
C 我想喝茶。
D 祝你生日快乐！

① 明天星期几？ ☐

② 你想做什么？ ☐

③ 今天是我的生日。 ☐

④ 今天几月几号？ ☐

04

① 今天什么星期？ → 今天星期几？ 오늘은 무슨 요일이에요?
  ▶ 이 문제를 틀렸을 경우에는 P.224를 다시 한번 확인 학습해 주세요.

② 明天星期七。 → 明天星期天。 내일은 일요일이에요.
  ▶ 이 문제를 틀렸을 경우에는 P.227를 다시 한번 확인 학습해 주세요.

③ 我想不喝咖啡。 → 我不想喝咖啡。
  나는 커피를 마시고 싶지 않아요.
  ▶ 이 문제를 틀렸을 경우에는 P.225를 다시 한번 확인 학습해 주세요.

④ 你们想看不看电视？ → 你们想不想看电视？
  당신들은 TV를 보고 싶어요?
  ▶ 이 문제를 틀렸을 경우에는 P.225를 다시 한번 확인 학습해 주세요.

05

① A: 明天星期几？ 내일은 무슨 요일이에요?
   B: 星期六。 토요일이에요. **B**

② A: 你想做什么？ 당신은 무엇을 하고 싶어요?
   B: 我想喝茶。 나는 차를 마시고 싶어요. **C**

③ A: 今天是我的生日。 오늘은 제 생일이에요.
   B: 祝你生日快乐！ 생일 축하합니다! **D**

④ A: 今天几月几号？ 오늘은 몇 월 며칠이에요?
   B: 三月十七号。 3월 17일이에요. **A**

▶ 이 문제를 틀렸을 경우에는 P.227, P.229를 다시 한번 확인 학습해 주세요.

unit 11 今天几月几号？ Jīntiān jǐ yuè jǐ hào? 271

티엔티엔 생각펼치기

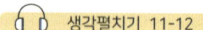
聊一聊

다양한 날짜 표현 익히기

🎧 생각펼치기 11-12

去年	今年	明年
qùnián 작년	jīnnián 올해	míngnián 내년

上个月	这个月	下个月
shàng ge yuè 지난달	zhè ge yuè 이번 달	xià ge yuè 다음 달

上(个)星期	这(个)星期	下(个)星期
shàng (ge) xīngqī 지난주	zhè (ge) xīngqī 이번 주	xià (ge) xīngqī 다음 주

昨天	今天	明天
zuótiān 어제	jīntiān 오늘	míngtiān 내일

上个星期 지난주
shàng ge xīngqī

这个星期 이번 주
zhè ge xīngqī

下个星期 다음 주
xià ge xīngqī

昨天 어제
zuótiān

今天 오늘
jīntiān

明天 내일
míngtiān

중국의 생일 문화

Q 퀴즈 다음 중 중국의 생일 관련 문화로 바르지 않은 것은 어느 것일까요?

1 생일에는 국수를 먹는다.

2 어른의 생신상에는 복숭아가 올라온다.

3 66세의 생일을 중요하게 여긴다.

4 아기가 태어나면 사탕과 술을 돌린다.

①, ②, ③ 모두 중국의 올바른 생일 문화입니다.

정답 : ④

1 우리나라에서는 생일에 미역국을 먹지만 중국에서는 장수면을 먹어요. 국수는 우리나라에서도 장수를 의미하는데 중국도 역시 같은 의미로 생일에 국수를 먹습니다. 장수를 상징하는 국수를 먹을 때는 최대한 국수 면이 끊어지지 않도록 먹는 것이 중요하다고 하네요.

2 보통 50대가 넘게 되면 생일상에 복숭아가 올라온다고 해요. 복숭아를 올려 놓는 이유는 서유기에서 손오공이 장수하는 과일을 훔치는 모습이 등장하는데 그때 훔친 음식이 바로 복숭아입니다. 그래서 생일상에 복숭아를 올려 놓는 것도 장수의 의미를 담고 있는 것이겠죠!

3 중국에서는 숫자 6이 순조로움을 상징하는 숫자로 이러한 숫자 6이 두 번 겹쳐 모든 일들이 순조롭게 풀린다(六六大顺)는 의미를 가지고 있어요. 66세 생일에는 만두를 66개 쪄서 먹기도 하고 66과 관련된 선물을 주기도 하는데 이는 지금까지 인생이 순조로웠던 것처럼 앞으로의 인생도 순조롭길 바라는 소망을 담은 것이겠죠!

4 중국에서는 아기가 태어나면 붉은 계란 '홍단(红蛋 hóngdàn)'을 돌립니다. 계란을 붉게 물들이고 표면에 '쌍 희(囍)'자를 새기는 등 아기의 출생을 축복하며 홍단을 친지들에게 나눠주는 풍속이 있다고 해요. 사탕은 결혼식 때 '시탕(喜糖 xǐtáng)'이라고 하는 결혼 축하 사탕을 나눠주고 결혼 축하주(喜酒 xǐjiǔ)를 하객들에게 따라주는 결혼풍습이 있습니다.

unit 12

现在几点?
Xiànzài jǐ diǎn?

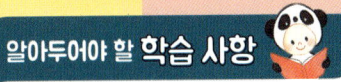

알아두어야 할 학습 사항

중국어로 시간 표현하기

☐ 现在两点二十分。 Xiànzài liǎng diǎn èrshí fēn. 지금은 2시 20분이에요.

2시간만에 끝내는 독학 Plan

	학습 항목	학습 시간	학습 체크	학습 메모
1	동영상 강의 또는 오디오 강의	15분	☐1회 ☐2회 ☐3회	
2	요것만은 꼭꼭 Point (276~279p)	15분	☐1회 ☐2회 ☐3회	
3	실전처럼 술술 Speaking (280~281p)	15분	☐1회 ☐2회 ☐3회	
4	회화실력 쑥쑥 Conversation (282~283p)	15분	☐1회 ☐2회 ☐3회	
5	내 귀에 쏙쏙 Listening (284~285p)	15분	☐1회 ☐2회 ☐3회	
6	손으로 또박또박 Writing (286~287p)	15분	☐1회 ☐2회 ☐3회	
7	12과 필기시험 (288~291p)	30분	☐50점 미만 ☐51~80점 ☐81~100점	

- **50점 미만** unit 전체 1~2회 반복 학습
- **51점~80점** 틀린 부분 다시 학습
- **81점~100점** 다음 unit 진행 OK~!!

요것만은 꼭꼭~

요것만은 꼭꼭 12-01

Point

어법 1 시간 관련 표현

시엔 짜이 량 디엔 얼 스 펀
现在 两点 二十 分。
Xiànzài liǎng diǎn èr'shí fēn.

지금 두 시 이십 분이에요.

□ 现在 지금, 현재
　xiànzài

□ 点 양 시
　diǎn

□ 分 양 분
　fēn

□ 一刻 15분
　yí kè

□ 半 30분, 반
　bàn

□ 差 부족하다
　chà

★ 중국어로 '시'는 숫자 + 点 diǎn 으로, '분'은 숫자 + 分 fēn으로 나타내요.

시엔 짜이 지 디엔
A: 现在 几 点?　　　　지금은 몇 시예요?
　 Xiànzài jǐ diǎn?

시엔 짜이 량 디엔 얼 스 치 펀
B: 现在 两 点 二十 七 分。　지금은 2시 27분이에요.
　 Xiànzài liǎng diǎn èrshí qī fēn.

★ '点 diǎn'은 시간을 나타내는 양사로, 양사 앞에서 2는 '两 liǎng'으로 읽어야 해요. 따라서 2시는 '二点 èr diǎn'이 아니라 '两点 liǎng diǎn'입니다.

★ 중국어에서는 15분을 한 단위로 간주하여 '刻 kè'로 표현해요.

　　　　이 커 yí kè　　　　스 우 펀
15분　 一刻 yí kè = 十五分 shíwǔ fēn

　　　　싼 커 sān kè　　　　쓰 스 우 펀
45분　 三刻 sān kè = 四十五分 sì shí wǔ fēn

이때 30분은 '两刻 liǎng kè'로 쓰지 않습니다.

★ 30분의 경우 '30분 三十分 sānshí fēn', '반 半 bàn'으로 표현해요.

　　　　치 디엔 싼 스 펀　　　　　치 디엔 빤
7:30　 七点三十分 qī diǎn sānshí fēn = 七点半 qī diǎn bàn

★ 우리말의 '몇 시 몇 분 전'이라는 표현을 중국어에서는 '모자라다, 부족하다'라는 뜻의 '差 chà'를 이용해 표현해요.

　　　　지우 디엔 우 스 우 펀
9:55　 九点 五十五分 jiǔ diǎn wǔshí wǔ fēn

　　　　차 우 펀 스 디엔
　　 = 差五分十点 chà wǔ fēn shí diǎn　(5분이 모자란 10시 = 10시 5분 전)

어법 2 동사가 연속해서 나오는 '연동문'

워 취 지엔 션 팡 쭈오 윈 똥
我 去 健身房 做 运动。
Wǒ qù jiànshēnfáng zuò yùndòng.
나는 헬스클럽에 가서 운동을 해요.

주어 하나에 동사가 두 개 또는 두 개 이상으로 이루어진 문장을 '연동문'이라고 해요.

주어 + 동사₁ + (목적어₁) + 동사₂ + (목적어₂)

워 취 지엔 션 팡 쭈오 윈 똥
我 去 健身房 做 运动。
Wǒ qù jiànshēnfáng zuò yùndòng.
나는 헬스클럽에 가서 운동을 해요. (나는 운동하러 헬스클럽에 가요.)

이러한 연동문의 마지막 동사(구)는 목적을, 앞의 동사(구)는 수단, 방법 등을 나타내요. 또한 연동문의 어순은 일이 발생한 순서대로 동사를 배열합니다.

★ 헬스클럽에 가야 운동을 할 수 있으니, 헬스클럽에 가는 동작을 먼저, 운동하는 동작을 뒤에 배열!

- 健身房 명 헬스클럽
  jiànshēnfáng
- 运动 명동 운동(하다)
  yùndòng
- 用 동 사용하다
  yòng
- 筷子 명 젓가락
  kuàizi

타 취 쫑 구오 쉬에 한 위
他 去 中国 学 汉语。 그는 중국어 배우러 중국에 가요. (목적)
Tā qù Zhōngguó xué Hànyǔ.

워 취 투 슈 관 칸 슈
我 去 图书馆 看 书。 나는 책 보러 도서관에 가요. (목적)
Wǒ qù túshūguǎn kàn shū.

워 먼 용 콰이 즈 츠 판
我们 用 筷子 吃 饭。 우리는 젓가락을 사용하여 밥을 먹어요. (수단, 방법)
Wǒmen yòng kuàizi chī fàn.

unit 12 现在几点？Xiànzài jǐ diǎn? 277

실전처럼 술술~

실전처럼 술술 12-02

Speaking

01 보기와 같이 시간 표현 문형을 연습하세요.

보기1

七点 / 七点十分
qī diǎn / qī diǎn shí fēn.

A: 现在几点？
Xiànzài jǐ diǎn?

B: 现在七点。
Xiànzài qī diǎn.

A: 你几点下班？
Nǐ jǐ diǎn xià bān?

B: 我七点十分下班。
Wǒ qī diǎn shí fēn xià bān.

①

九点
jiǔ diǎn
9시

上午九点半
shàngwǔ jiǔ diǎn bàn
오전 9시 30분

A: 现在几点？
Xiànzài jǐ diǎn?

B: 现在 _____。
Xiànzài _____.

A: 你几点上班？
Nǐ jǐ diǎn shàng bān?

B: 我 _____ 上班。
Wǒ _____ shàng bān.

②

两点三刻
liǎng diǎn sān kè
2시 45분

差五分三点
chà wǔ fēn sān diǎn
3시 5분전

A: 现在几点？
Xiànzài jǐ diǎn?

B: 现在 _____。
Xiànzài _____.

A: 你几点下课？
Nǐ jǐ diǎn xià kè?

B: 我 _____ 下课。
Wǒ _____ xià kè.

七点 / 七点十分
qī diǎn / qī diǎn shí fēn.
7시 / 7시 10분

A: 现在几点？
Xiànzài jǐ diǎn?
지금 몇 시예요?

B: 现在七点。
Xiànzài qī diǎn.
지금은 7시예요.

A: 你几点下班？
Nǐ jǐ diǎn xià bān?
당신은 몇 시에 퇴근해요?

B: 我七点十分下班。
Wǒ qī diǎn shí fēn xià bān.
나는 7시 10분에 퇴근해요.

① A: 现在几点？
　　Xiànzài jǐ diǎn?
　　지금 몇 시예요?

　B: 现在九点。
　　Xiànzài jiǔ diǎn.
　　지금 9시예요.

　A: 你几点上班？
　　Nǐ jǐ diǎn shàng bān?
　　당신은 몇 시에 출근해요?

　B: 我上午九点半上班。
　　Wǒ shàngwǔ jiǔ diǎn bàn shàng bān.
　　나는 오전 9시 반에 출근해요.

② A: 现在几点？
　　Xiànzài jǐ diǎn?
　　지금 몇 시예요?

　B: 现在两点三刻。
　　Xiànzài liǎng diǎn sān kè.
　　지금은 2시 45분이에요.

　A: 你几点下课？
　　Nǐ jǐ diǎn xià kè?
　　당신은 몇 시에 수업이 끝나요?

　B: 我差五分三点下课。
　　Wǒ chà wǔ fēn sān diǎn xià kè.
　　나는 3시 5분 전에 수업이 끝나요.

☐ 下班 ⓥ 퇴근하다
　xià bān

☐ 上午 ⓝ 오전
　shàngwǔ

☐ 半 ⓝ 30분, 반
　bàn

☐ 上班 ⓥ 출근하다
　shàng bān

☐ 三刻 45분
　sān kè

☐ 下课 ⓥ 수업을 마치다
　xià kè

실전처럼 술술~

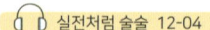

02 보기와 같이 단어와 문형을 연습하세요.

| 보기 |

去 / 吃
qù / chī

我去餐厅吃饭。
Wǒ qù cāntīng chī fàn.

①

去 / 买
qù / mǎi
가다 사다

我_____商店_____笔。
Wǒ _____ shāngdiàn _____ bǐ.

②

去 / 喝
qù / hē
가다 마시다

我_____咖啡厅_____咖啡。
Wǒ _____ kāfēitīng _____ kāfēi.

②

用 / 看
yòng / kàn
사용하다 보다

爷爷_____手机_____报。
Yéye _____ shǒujī _____ bào.

풀이노트 02 듣고 말하기 훈련용 12-05

去 / 吃
qù / chī
가다 / 먹다

我去餐厅吃饭。 나는 밥 먹으러 식당에 가요.
Wǒ qù cāntīng chī fàn.

① 我去商店买笔。 나는 펜을 사러 상점에 가요.
　Wǒ qù shāngdiàn mǎi bǐ.

② 我去咖啡厅喝咖啡。 나는 커피 마시러 커피숍에 가요.
　Wǒ qù kāfēitīng hē kāfēi.

③ 爷爷用手机看报。 할아버지는 휴대폰을 이용해서 신문을 봐요.
　Yéye yòng shǒujī kàn bào.

□ 餐厅 ⓜ 식당
　cāntīng

□ 商店 ⓜ 상점, 가게
　shāngdiàn

□ 笔 ⓜ 펜
　bǐ

□ 咖啡厅 ⓜ 커피숍
　kāfēitīng

□ 用 ⓥ 이용하다, 사용하다
　yòng

□ 报 ⓜ 신문
　bào

회화실력 쑥쑥~

小东 Xiǎodōng
시엔 짜이 지 디엔
现在几点？
Xiànzài jǐ diǎn?

美珍 Měizhēn
시엔 짜이 량 디엔 얼 스 펀
现在两点二十分。
Xiànzài liǎng diǎn èrshí fēn.

小东 Xiǎodōng
니 지 디엔 샤 빤
你几点下班？
Nǐ jǐ diǎn xià bān?

美珍 Měizhēn
샤 우 우 디엔 샤 빤
下午五点下班。
Xiàwǔ wǔ diǎn xià bān.

小东 Xiǎodōng
샤 빤 이 허우 니 취 날
下班以后，你去哪儿？
Xià bān yǐhòu, nǐ qù nǎr?

美珍 Měizhēn
워 취 지엔션 팡 쭈오 윈똥
我去健身房做运动。
Wǒ qù jiànshēnfáng zuò yùndòng.

小东 Xiǎodōng
스 마 워 이에 샹 지엔 페이
是吗？我也想减肥。
Shì ma? Wǒ yě xiǎng jiǎn féi.

美珍 Měizhēn
나 머 잔 먼 이 치 취 바
那么，咱们一起去吧。
Nàme, zánmen yìqǐ qù ba.

한국어를 중국어로 12-10

샤오동	지금 몇 시예요?
미진	지금은 2시 20분이에요.
샤오동	당신은 몇 시에 퇴근해요?
미진	오후 5시에 퇴근해요.
샤오동	퇴근하고 난 후, 당신은 어디 가요?
미진	저는 운동하러 헬스클럽에 가요.
샤오동	그래요? 나도 다이어트하고 싶어요.
미진	그러면, 우리 함께 가요.

어휘표현 12-06

现在 [xiànzài] 명 지금, 현재
下班 [xià bān] 동 퇴근하다
健身房 [jiànshēnfáng] 명 헬스클럽
那(么) [nà(me)] 접 그러면, 그렇다면

点 [diǎn] 양 시 (시간)
下午 [xiàwǔ] 명 오후
运动 [yùndòng] 명동 운동(하다)
咱们 [zánmen] 대 (상대방을 포함한) 우리(들)

分 [fēn] 양 분 (시간)
以后 [yǐhòu] 명 이후
减肥 [jiǎn féi] 동 다이어트하다

01 '以前 yǐqián'과 '以后 yǐhòu'

'以前 yǐqián'은 '~(하기)전에', '以后 yǐhòu'는 '~(한)이후, ~(한)뒤'라는 뜻으로 주로 시간이나 시간과 관련 있는 구절 뒤에 위치해요.

六点**以前**，你做什么？　　6시 이전에는 당신은 무엇을 해요?
Liù diǎn yǐqián, nǐ zuò shénme?

吃饭**以后**，我们喝咖啡吧。　밥 먹고 난 후에 우리 커피 마십시다.
Chī fàn yǐhòu, wǒmen hē kāfēi ba.

02 우리 '我们 wǒmen 과 咱们 zánmen'

'我们 wǒmen'과 '咱们 zánmen'은 모두 '우리'를 나타내지만 의미와 뉘앙스의 차이가 있어요.
'我们 wǒmen'은 훨씬 더 포괄적으로 쓰여지는데 어떠한 자리에서든 두루 쓸 수 있고, 또한 서로 이야기를 나눌 때 이야기를 듣는 사람을 '우리'에 포함시킬 때도 쓰고, 포함시키지 않을 때도 씁니다.
'咱们 zánmen'은 이야기를 듣는 사람까지 모두 포함한 '우리'라는 뜻을 가지고 있어서 훨씬 더 친밀감을 나타내며 회화에서 자주 사용해요.

A: 你们是日本人吗？　　당신들은 일본인이에요?
　　Nǐmen shì Rìběnrén ma?

B: 不是，**我们**是韩国人。　아니요, 우리들은 한국인이에요.
　　Bú shì, wǒmen shì Hánguórén.

→ 이 대화에서 'A'라는 사람은 뒤에 나오는 '우리'에 포함되지 않겠죠! 따라서 이 상황에서 '咱们 zánmen'은 사용할 수 없어요.

A: **咱们**一起去吧！　　우리 같이 가자!
　　Zánmen yìqǐ qù ba.

B: 对不起，我有课。　　미안해, 나는 수업이 있어.
　　Duìbuqǐ, wǒ yǒu kè.

→ 이 문장에서 '우리'는 'B'라는 사람을 포함하는 우리로, 한층 더 친밀한 느낌을 강조해요. 물론 이 문장에서 '我们 wǒmen'을 써도 틀리지는 않습니다.

 내 귀에 쏙쏙~ 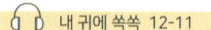 내 귀에 쏙쏙 12-11  Listening

 녹음 내용과 일치하는 것끼리 서로 연결하세요.

① 爸爸 Bàba · · 三点五十五分 sān diǎn wǔshíwǔ fēn · · 回家 huí jiā

② 我 Wǒ · · 九点 jiǔ diǎn · · 下班 xià bān

③ 她 Tā · · 六点半 liù diǎn bàn · · 做运动 zuò yùndòng

 녹음 내용과 일치하는 행동을 연결하세요.

① 我 Wǒ · · · · 学习汉语 xuéxí Hànyǔ

② 小东 Xiǎodōng · · · · 买咖啡 mǎi kāfēi

③ 大韩 Dàhán · · · · 看书 kàn shū

풀이노트 01

정답: ① 爸爸六点半下班。아빠는 6시 반에 퇴근해요.
　　　Bàba liù diǎn bàn xià bān.
　　② 我三点五十五分回家。나는 3시 55분에 집에 돌아가요.
　　　Wǒ sān diǎn wǔshí wǔ fēn huí jiā.
　　③ 她九点做运动。그녀는 9시에 운동을 해요.
　　　Tā jiǔ diǎn zuò yùndòng.

풀이노트 02

정답: ① 我去书店看书。나는 책 보러 서점에 가요.
　　　Wǒ qù shūdiàn kàn shū.
　　② 小东去商店买咖啡。샤오둥은 커피 사러 상점에 가요.
　　　Xiǎodōng qù shāngdiàn mǎi kāfēi.
　　③ 大韩去中国学习汉语。대한이는 중국어 공부하러 중국에 가요.
　　　Dàhán qù Zhōngguó xuéxí Hànyǔ.

unit 12 现在几点？Xiànzài jǐ diǎn?

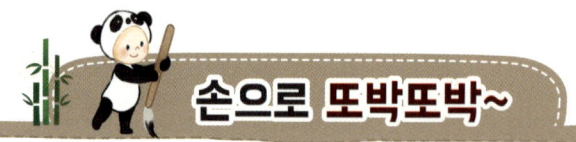 

쓰기 1
빈칸에 들어갈 알맞은 단어를 보기에서 고르세요.

보기
- A 时 shí
- B 前 qián
- C 点 diǎn
- D 去 qù
- E 差 chà

① 现在三 _____ 。 현재 3시예요.
Xiànzài sān _____ .

② 她 _____ 五分八点下班。 그녀는 7시 55분에 퇴근해요.
Tā _____ wǔ fēn bā diǎn xià bān.

③ 他 _____ 餐厅吃饭。 그는 밥을 먹으러 식당에 가요.
Tā _____ cāntīng chī fàn.

쓰기 2
주어진 단어를 어순에 맞게 배열하세요.

① 点 现在 几
   diǎn xiànzài jǐ

_____ ? 지금은 몇 시예요?

② 我 下班 半 两点
   wǒ xià bān bàn liǎng diǎn

_____ 。 나는 2시 반에 퇴근해요.

③ 我 运动 去 做 健身房
   wǒ yùndòng qù zuò jiànshēnfáng

_____ 。 나는 운동하러 헬스클럽에 가요.

| 보기 |

A 时 shí   B 前 qián   C 点 diǎn
D 去 qù   E 差 chà

① 现在三点。 현재 3시예요.
Xiànzài sān diǎn.

② 她差五分八点下班。 그녀는 7시 55분에 퇴근해요.
Tā chà wǔ fēn bā diǎn xià bān.

③ 他去餐厅吃饭。 그는 밥을 먹으러 식당에 가요.
Tā qù cāntīng chī fàn.

① 现在几点？ 지금은 몇 시예요?
Xiànzài jǐ diǎn?

② 我两点半下班。 나는 2시 반에 퇴근해요.
Wǒ liǎng diǎn bàn xià bān.

③ 我去健身房做运动。 나는 운동하러 헬스클럽에 가요.
Wǒ qù jiànshēnfáng zuò yùndòng.

unit 12  필기시험 제한 시간 30분

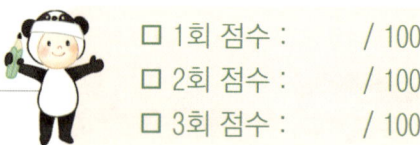

- □ 1회 점수 :　　　／100
- □ 2회 점수 :　　　／100
- □ 3회 점수 :　　　／100

▶반복 재시험은 CD안의 재시험용 PDF 파일을 활용하세요~

01 녹음을 듣고 단어의 성조 혹은 한어병음을 쓰세요. (1문제 3점)

Test 27

① 减肥 ― jian fei　　　　② 筷子 ― kuai zi

③ 下课 ― x____k____　　④ 上午 ― sh____w____

02 녹음을 듣고 녹음내용과 그림이 일치하면 O, 일치하지 않으면 X를 체크하세요. (1문제 5점)

Test 28

①  (　　)　　②  (　　)

③  (　　)　　④ (　　)

03 다음 단어의 빈칸을 채우세요. (1문제 5점)

중국어	병음	뜻
①	yǐhòu	이후
② 咱们	zánmen	
③ 下午		오후
④ 运动		운동, 운동하다

04 다음 문장을 바르게 고치세요. (1문제 6점)

① 现在二点。 지금은 두 시예요.

▶ _____

② 我学汉语去中国。 나는 중국어를 배우러 중국에 가요.

▶ _____

③ 我十点两刻下课。 나는 10시 30분에 수업이 끝나요.

▶ _____

④ 我们五点半分回家。 우리는 5시 반에 집에 돌아가요.

▶ _____

05 주어진 문장 중 내용이 서로 연결되는 문장을 골라 표시하세요. (1문제 6점)

| 보기 |

A 现在七点。
B 我去图书馆看书。
C 下午五点下班。
D 是吗？那么，咱么一起去健身房吧。

① 我想减肥。 ☐

② 你几点下班？ ☐

③ 你去哪儿？ ☐

④ 现在几点？ ☐

unit 12 문제 풀이

🔊 듣기

01 녹음을 듣고 단어의 성조 혹은 한어병음을 쓰세요. (1문제 3점)

① 减肥 — jian fei
② 筷子 — kuai zi
③ 下课 — x____ k____
④ 上午 — sh____ w____

02 녹음을 듣고 녹음내용과 그림이 일치하면 O, 일치하지 않으면 X를 체크하세요.

(1문제 5점)

①  ②
　(　)　　　　(　)

③   ④
　(　)　　　　(　)

📖 어휘

03 다음 단어의 빈칸을 채우세요. (1문제 5점)

중국어	병음	뜻
①	yǐhòu	이후
② 咱们	zánmen	
③ 下午		오후
④ 运动		운동, 운동하다

01

① 减肥 — jiǎn féi
▶ 이 문제를 틀렸을 경우에는 P.250를 다시 한번 확인 학습해 주세요.

② 筷子 — kuài zi
▶ 이 문제를 틀렸을 경우에는 P.245를 다시 한번 확인 학습해 주세요.

③ 下课 — xià kè
▶ 이 문제를 틀렸을 경우에는 P.246를 다시 한번 확인 학습해 주세요.

④ 上午 — shàng wǔ
▶ 이 문제를 틀렸을 경우에는 P.246를 다시 한번 확인 학습해 주세요.

02

① 现在七点一刻。　(O)　지금은 7시 15분이에요.
▶ 이 문제를 틀렸을 경우에는 P.244를 다시 한번 확인 학습해 주세요.

② 我八点下班。　(X)　저는 8시에 퇴근해요.
▶ 이 문제를 틀렸을 경우에는 P.252를 다시 한번 확인 학습해 주세요.

③ 我去书店买书。　(O)　나는 책 사러 서점에 가요.
▶ 이 문제를 틀렸을 경우에는 P.249를 다시 한번 확인 학습해 주세요.

④ 现在差五分六点。　(X)　지금은 6시 5분전이에요.
▶ 이 문제를 틀렸을 경우에는 P.255를 다시 한번 확인 학습해 주세요.

03

① 以后　yǐhòu　이후
▶ 이 문제를 틀렸을 경우에는 P.250를 다시 한번 확인 학습해 주세요.

② 咱们　zánmen　우리
▶ 이 문제를 틀렸을 경우에는 P.250를 다시 한번 확인 학습해 주세요.

③ 下午　xiàwǔ　오후
▶ 이 문제를 틀렸을 경우에는 P.250를 다시 한번 확인 학습해 주세요.

④ 运动　yùndòng　운동, 운동하다
▶ 이 문제를 틀렸을 경우에는 P.245를 다시 한번 확인 학습해 주세요.

쓰기

04 다음 문장을 바르게 고치세요. (1문제 6점)

① 现在二点。 지금은 두 시예요.

② 我学汉语去中国。
   나는 중국어를 배우러 중국에 가요.

③ 我十点两刻下课。
   나는 10시 30분에 수업이 끝나요.

④ 我们五点半分回家。
   우리는 5시 반에 집에 돌아가요.

회화

05 주어진 문장 중 내용이 서로 연결되는 문장을 골라 표시하세요. (1문제 6점)

보기
A 现在七点。
B 我去图书馆看书。
C 下午五点下班。
D 是吗？那么，咱么 一起去健身房吧。

① 我想减肥。 ☐
② 你几点下班？ ☐
③ 你去哪儿？ ☐
④ 现在几点？ ☐

04

① 现在二点。 → 现在两点。 지금은 두 시예요.
▶ 이 문제를 틀렸을 경우에는 P.244를 다시 한번 확인 학습해 주세요.

② 我学汉语去中国。 → 我去中国学汉语。
   나는 중국어를 배우러 중국에 가요.
▶ 이 문제를 틀렸을 경우에는 P.253를 다시 한번 확인 학습해 주세요.

③ 我十点两刻下课。 → 我十点三十分下课。
   나는 10시 30분에 수업이 끝나요.
▶ 이 문제를 틀렸을 경우에는 P.253를 다시 한번 확인 학습해 주세요.

④ 我们五点半分回家。 → 我们五点半回家。
   우리는 5시 반에 집에 돌아가요.
▶ 이 문제를 틀렸을 경우에는 P.253를 다시 한번 확인 학습해 주세요.

05

① A: 我想减肥。 나는 다이어트하고 싶어요.
   B: 是吗？那么，咱么一起去健身房吧。 **D**
   그래요? 그럼 우리 같이 헬스클럽에 가요.

② A: 你几点下班？ 당신은 몇 시에 퇴근해요?
   B: 下午五点下班。 오후 5시에 퇴근해요. **C**

③ A: 你去哪儿？ 당신은 어디 가요?
   B: 我去图书馆看书。 나는 책 보러 도서관에 가요. **B**

④ A: 现在几点？ 지금 몇 시예요?
   B: 现在七点。 지금은 7시예요. **A**

▶ 이 문제를 틀렸을 경우에는 P.244, P.245, P.250를 다시 한번 확인 학습해 주세요.

티엔티엔 생각펼치기  聊一聊

나의 하루 (我的一天 Wǒ de yìtiān)

🎧 생각펼치기 12-12

上午 shàngwǔ 오전	起床 qǐ chuáng	일어나다
	吃早饭 chī zǎofàn	아침을 먹다
	上课 shàng kè 上班 shàng bān	수업하다 출근하다
中午 zhōngwǔ 정오	吃午饭 chī wǔfàn	점심을 먹다
下午 xiàwǔ 오후	学习 xuéxí 工作 gōngzuò	공부하다 일하다
	下课 xià kè 下班 xià bān	수업을 마치다 퇴근하다
	吃晚饭 chī wǎnfàn	저녁을 먹다
晚上 wǎnshang 저녁	做运动 zuò yùndòng	운동을 하다
	洗澡 xǐ zǎo	샤워하다
	睡觉 shuì jiào	잠자다

 **Tip**

早上 zǎoshang 명 아침　　凌晨 língchén 명 새벽

시간과 관련된 성어와 격언!

- 지 부 커 스, 스 부 짜이 라이
  机不可失，时不再来
  jī bù kě shī, shí bú zài lái
  기회를 놓치지 말라, 시간은 다시 돌아오지 않는다.

- 이 커 치엔 진   이 춘 꽝 인 이 춘 진
  一刻千金 = **一寸光阴一寸金**
  Yí kè qiānjīn   Yí cùn guāng yīn yí cùn jīn
  시간은 금이다,   짧은 시간도 천금과 같이 귀하다.

- 이 르 즈 지 짜이위 천,   이 니엔 즈 지 짜이위 춘,   이 성 즈 지 짜이위 친
  一日之计在于晨， 一年之计在于春， 一生之计在于勤。
  Yí rì zhī jì zàiyú chén,   yì nián zhī jì zàiyú chūn,   yì shēng zhī jì zàiyú qín.
  하루 계획은 아침에 있고, 일년 계획은 봄에 있고, 일생의 계획은 부지런함에 있다.

- 스 지엔 지오우 스 성 밍,   스 지엔 지오우 스 쑤 두,   스 지엔 지오우 스 리 량
  时间就是生命， 时间就是速度， 时间就是力量。
  Shíjiān jiùshì shēngmìng,   shíjiān jiùshì sùdù,   shíjiān jiùshì lìliàng.
  (곽말약 郭沫若 Guō Mò ruò)
  시간은 곧 생명이고, 시간은 곧 속도이며, 시간은 곧 힘이다.

- 짜이 쑤오 여우 더 피 핑 쟈 쫑,   쭈에이 웨이 따,   쭈에이 쩡 취에
  在所有的批评家中， 最伟大、 最正确、
  Zài suǒyǒu de pīpíngjiā zhōng, zuì wěidà,   zuì zhèngquè,
  어떠한 비평가 중에서도,   가장 위대하고, 가장 정확하고,

  쭈에이 티엔 차이 더 스 스 지엔
  最天才的是时间。
  zuì tiāncái de shì shíjiān.
  가장 뛰어난 비평가는 바로 시간이다.

Note

Note

1 你好!

你 nǐ — 7획
你好! Nǐ hǎo! 안녕하세요!
你你你你你你你
你你

好 hǎo — 6획
好看 hǎokàn 보기 좋다
好好好好好好
好好

谢 xiè — 12획
谢谢! Xièxie! 감사합니다!
谢谢谢谢谢谢谢谢谢谢谢
谢谢

客 kè — 9획
不客气! Búkèqi! 천만에요!
客客客客客客客客客
客客

再 zài (6획)

再见! zàijiàn! 안녕히 가세요(계세요)!

再 再 再 再 再 再

再 再

见 jiàn (4획)

见面 jiàn miàn 만나다

见 见 见 见

见 见

老 lǎo (6획)

老师 lǎoshī 선생님

老 老 老 老 老 老

老 老

师 shī (6획)

师傅 shīfu 사부, 숙련공, 선생(남에 대한 경칭)

师 师 师 师 师 师

师 师

您 nín (11획)

您好! Nín hǎo! 안녕하세요!(존칭)

您 您 您 您 您 您 您 您 您 您

您 您

茶 chá (9획)

喝茶 hē chá 차를 마시다

茶 茶 茶 茶 茶 茶 茶 茶 茶

茶 茶

来 lái (7획)

他来。Tā lái. 그는 와요.

来 来 来 来 来 来 来

来 来

饭 fàn (7획)

吃饭 chī fàn 밥을 먹다

饭 饭 饭 饭 饭 饭 饭

饭 饭

早 zǎo (6획)	爸爸早! Bàba zǎo! 아빠 안녕!

大 dà (3획)	大家 dàjiā 여러분, 다들

妈 mā (6획)	妈妈 māma 엄마, 어머니

对 duì (5획)	对不起! Duìbuqǐ! 미안해요!

关 guān 6획

没关系! Méi guānxi! 괜찮아요!

关 关 关 关 关 关

关 关

2. 你好吗?

吗 ma (6획)

你好吗? Nǐ hǎo ma? 잘 지내세요?

吗 吗 吗 吗 吗 吗

吗 吗

我 wǒ (7획)

我们 wǒmen 우리들

我 我 我 我 我 我 我

我 我

很 hěn (9획)

很忙。Hěn máng. (매우) 바쁘다.

很 很 很 很 很 很 很 很 很

很 很

呢 ne (8획)

你呢? Nǐ ne? 당신은요?

呢 呢 呢 呢 呢 呢 呢 呢

呢 呢

也 yě 3획
我也很好。Wǒ yě hěn hǎo. 나도 매우 잘 지내요.
也也也

家 jiā 10획
家人 jiārén 가족
家家家家家家家家家家

都 dōu 10획
我们都很忙。Wǒmen dōu hěn máng. 우리들은 모두 바쁘다.
都都都都都都都都都都

他 tā 5획
他们 tāmen 그들
他他他他他

们 men 5획

老师们 lǎoshīmen 선생님들

爱 ài 10획

可爱 kě'ài 귀엽다, 사랑스럽다

累 lèi 11획

他们很累。 Tāmen hěn lèi. 그들은 피곤해요.

渴 kě 12획

你渴吗? Nǐ kě ma? 당신은 목말라요?

饿 è 10획	我很饿。Wǒ hěn è. 나는 배고파요.
	饿 饿 饿 饿 饿 饿 饿 饿 饿
	饿 饿

爷 yé 6획	爷爷 yéye 할아버지
	爷 爷 爷 爷 爷 爷
	爷 爷

奶 nǎi 5획	奶奶 nǎinai 할머니
	奶 奶 奶 奶 奶
	奶 奶

UNIT 3 你买书吗?

买 mǎi — 6획
买卖 mǎimài 장사

书 shū — 4획
书包 shūbāo 책가방

作 zuò — 7획
工作 gōngzuò 일(하다)

忙 máng — 6획
不忙。bù máng. 바쁘지 않아요.

8획 爸 bà	爸爸 bàba 아빠, 아버지

7획 身 shēn	身高 shēngāo 키, 신장

7획 体 tǐ	身体 shēntǐ 신체, 건강

9획 美 měi	美国 Měiguó 미국

	9획	看病 kàn bìng 진찰하다(받다)
看 kàn		看看看看看看看看看
		看看

	8획	学习 xuéxí 공부(하다)
学 xué		学学学学学学学学
		学学

	5획	汉语 Hànyǔ 중국어
汉 Hàn		汉汉汉汉汉
		汉汉

	9획	学汉语 xué Hànyǔ 중국어를 배우다
语 yǔ		语语语语语语语语语
		语语

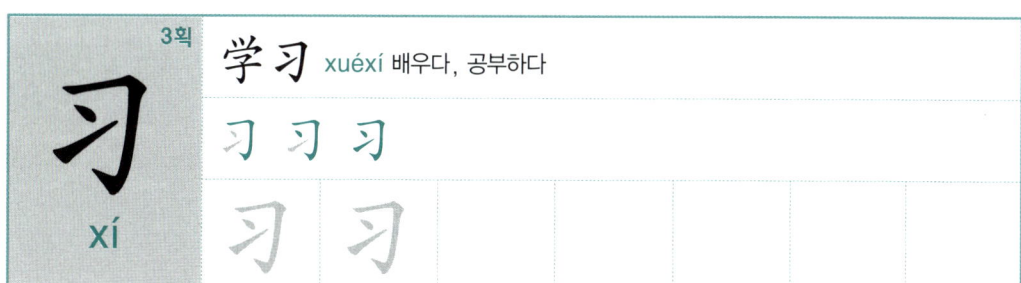

3획 **习** xí

学习 xuéxí 배우다, 공부하다

习 习 习

UNIT 4 这是什么？

这 zhè (7획)
这儿 zhèr 여기

是 shì (9획)
不是 bú shì ~아니다

什 shén (4획)
什么 shénme 무엇

笔 bǐ (10획)
笔记本 bǐjiběn 노트

那 nà (6획)

那儿 nàr 그곳, 거기

那 那 那 那 那 那

那 那

电 diàn (5획)

电视 diànshì TV, 텔레비전

电 电 电 电 电

电 电

视 shì (8획)

视力 shìlì 시력

视 视 视 视 视 视 视 视

视 视

脑 nǎo (10획)

电脑 diànnǎo 컴퓨터

脑 脑 脑 脑 脑 脑 脑 脑 脑 脑

脑 脑

喝 hē — 12획 — 喝茶 hē chá 차를 마시다

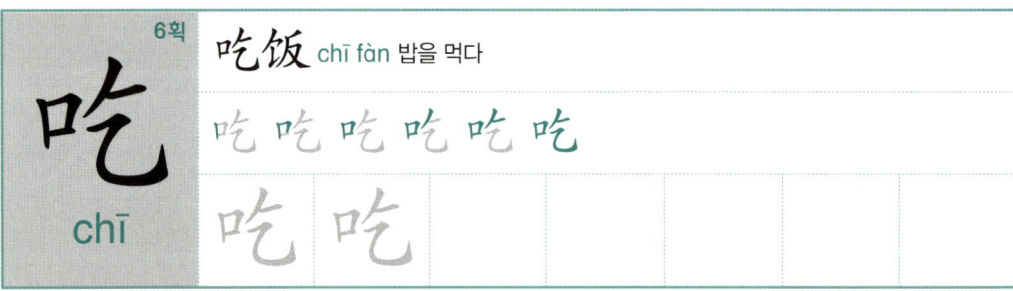

吃 chī — 6획 — 吃饭 chī fàn 밥을 먹다

面 miàn — 9획 — 面包 miànbāo 빵

包 bāo — 5획 — 钱包 qiánbāo 지갑

咖 kā
8획
咖啡 kāfēi 커피

啡 fēi
11획
她喝咖啡。 Tā hē kāfēi 그녀는 커피를 마셔요.

啤 pí
11획
啤酒 píjiǔ 맥주

酒 jiǔ
10획
我喝啤酒。 Wǒ hē píjiǔ. 나는 맥주를 마셔요.

报 bào (7획)

他看报。 Tā kàn bào. 그는 신문을 봐요.

报报报报报报报
报 报

本 běn (5획)

本子 běnzi 노트

本本本本本
本 本

5 您贵姓?

请 qǐng — 10획
请问。Qǐng wèn. 말씀 좀 묻겠습니다.

问 wèn — 6획
问题 wèntí 문제

贵 guì — 9획
您贵姓? Nín guì xìng? 당신의 성은 무엇입니까?

姓 xìng — 8획
姓名 xìngmíng 성명

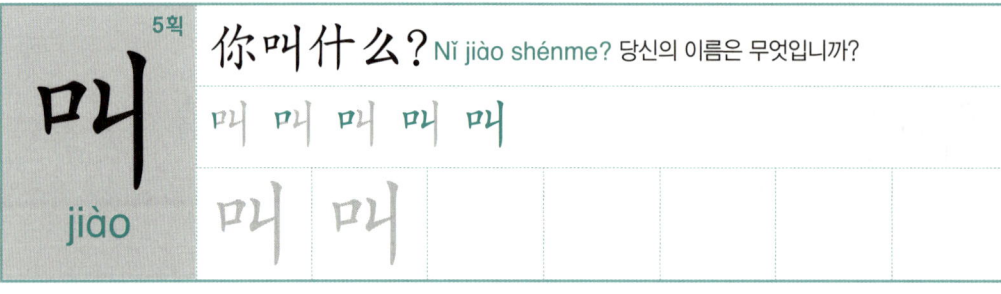

叫 jiào (5획)

你叫什么? Nǐ jiào shénme? 당신의 이름은 무엇입니까?

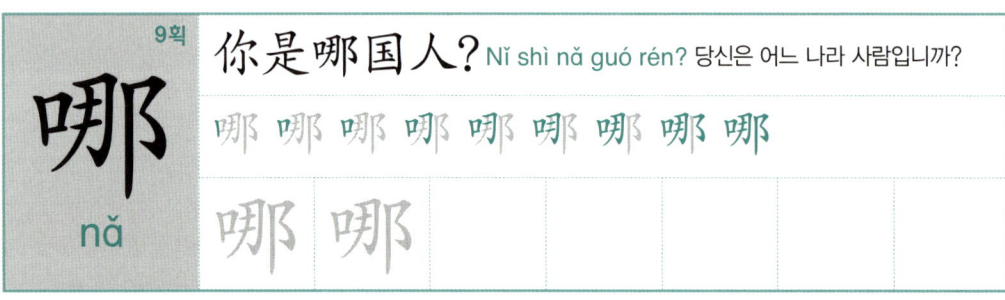

哪 nǎ (9획)

你是哪国人? Nǐ shì nǎ guó rén? 당신은 어느 나라 사람입니까?

韩 hán (12획)

韩国 Hánguó 한국

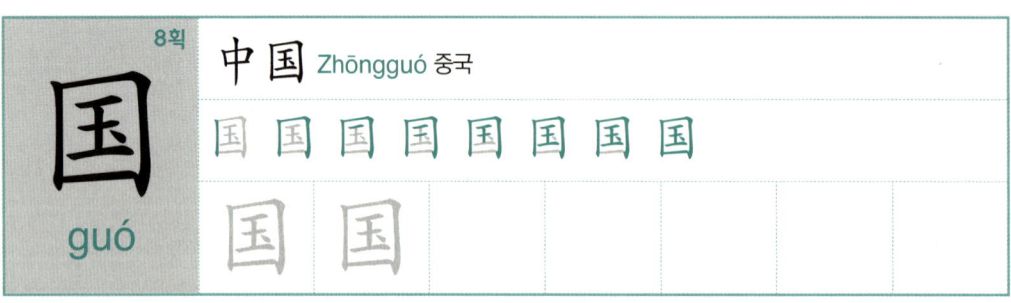

国 guó (8획)

中国 Zhōngguó 중국

4획 认 rèn	认识 rènshi 알다
	认 认 认 认
	认 认

7획 识 shi	识字 shízì 글자를 알다
	识 识 识 识 识 识 识
	识 识

10획 高 gāo	高兴 gāoxìng 기쁘다
	高 高 高 高 高 高 高 高 高
	高 高

6획 兴 xìng	兴趣 xìngqù 흥미
	兴 兴 兴 兴 兴 兴
	兴 兴

名 míng (6획)
名字 míngzi 이름

名 名 名 名 名 名
名 名

字 zi(zì) (6획)
你叫什么名字? Nǐ jiào shénme míngzi? 당신은 이름이 뭐예요?

字 字 字 字 字 字
字 字

日 rì (4획)
日本人 Rìběnrén 일본인(사람)

日 日 日 日
日 日

英 yīng (8획)
英国人 Yīngguórén 영국인(사람)

英 英 英 英 英 英 英 英
英 英

意 yì — 13획

意大利人 Yìdàlì 이탈리아

意意意意意意意意意意意意意

意 意

利 lì — 7획

我是意大利人。 Wǒ shì Yìdàlìrén. 저는 이탈리아인이에요.

利 利 利 利 利 利 利

利 利

听 tīng — 7획

请听！ Qǐng tīng! 들으세요!

听 听 听 听 听 听 听

听 听

坐 zuò — 7획

请坐！ Qǐng zuò! 앉으세요!

坐 坐 坐 坐 坐 坐 坐

坐 坐

6 你去哪儿?

5획 去 qù
不去。 bú qù. 가지 않아요.

8획 图 tú
地图 dìtú 지도

11획 馆 guǎn
图书馆 túshūguǎn 도서관

7획 远 yuǎn
多远? Duō yuǎn? 얼마나 멀어요?

在 zài (6획)	在家。zài jiā. 집에 있어요.	

在 在 在 在 在 在
在 在

就 jiù (12획) — 就是 jiùshì 바로 ~이다
就 就 就 就 就 就 就 就 就 就 就 就
就 就

知 zhī (8획) — 知道 zhīdao 알다
知 知 知 知 知 知 知 知
知 知

道 dào (12획) — 街道 jiēdào 길, 거리
道 道 道 道 道 道 道 道 道 道 道 道
道 道

银 yín — 11획
银行 yínháng 은행

音 yīn — 9획
音乐 yīnyuè 음악

住 zhù — 7획
你住哪儿? Nǐ zhù nǎr? 당신은 어디에 살아요?

首 shǒu — 9획
首尔 Shǒu'ěr 서울

	6획	她回家。 Tā huí jiā. 그녀는 집에 가요.
回 huí		回 回 回 回 回 回
		回 回

	9획	他很胖。 Tā hěn pàng. 그는 뚱뚱해요.
胖 pàng		胖 胖 胖 胖 胖 胖 胖 胖
		胖 胖

	10획	汉语不难。 Hànyǔ bù nán. 중국어는 어렵지 않아요.
难 nán		难 难 难 难 难 难 难 难 难 难
		难 难

UNIT 7 他是谁?

谁 shéi — 10획
谁的 shéide 누구의

的 de — 8획
我的 wǒde 나의 것

手 shǒu — 4획
手机 shǒujī 휴대전화

机 jī — 6획
飞机 fēijī 비행기

有 yǒu (6획)	有钱 yǒuqián 돈이 많다, 부유하다
	有 有 有 有 有 有
	有 有

没 méi (7획)	没有 méiyǒu 없다
	没 没 没 没 没 没 没
	没 没

男 nán (7획)	男的 nánde 남자
	男 男 男 男 男 男 男
	男 男

朋 péng (8획)	朋友 péngyou 친구
	朋 朋 朋 朋 朋 朋 朋 朋
	朋 朋

友 yǒu	4획	友谊 yǒuyì 우정
		友 友 友 友
		友 友

自 zì	6획	自行车 zìxíngchē 자전거
		自 自 自 自 自 自
		自 自

车 chē	4획	我有自行车。 Wǒ yǒu zìxíngchē. 나는 자전거가 있어요.
		车 车 车 车
		车 车

弟 dì	7획	弟弟 dìdi 남동생
		弟 弟 弟 弟 弟 弟 弟
		弟 弟

UNIT 8 你家有几口人?

几 jǐ (2획)
几个 jǐ ge 몇 개
几 几

两 liǎng (7획)
两位 liǎng wèi 두 분
两 两 两 两 两 两 两
两 两

个 ge (3획)
个子 gèzi 키
个 个 个
个 个

和 hé (8획)
温和 wēnhé 온화하다
和 和 和 和 和 和 和 和
和 和

全 quán (6획)

全部 quánbù 전부

全 全 全 全 全 全

全 全

福 fú (13획)

全家福 quánjiāfú 가족사진

福 福 福 福 福 福 福 福 福 福 福 福

福 福

她 tā (6획)

她们 tāmen 그녀들

她 她 她 她 她 她

她 她

真 zhēn (10획)

真实 zhēnshí 진실하다

真 真 真 真 真 真 真 真 真 真

真 真

漂 piào (14획)

漂亮 piàoliang 아름답다

亮 liàng (9획)

天亮了。 Tiān liàng le. 날이 밝았어요.

苹 píng (8획)

苹果 píngguǒ 사과

果 guǒ (8획)

她吃三个苹果。 Tā chī sān ge píngguǒ. 그녀는 사과 세 개를 먹어요.

杯 bēi	8획	我喝两杯啤酒。 Wǒ hē liǎng bēi píjiǔ. 나는 맥주 두 잔을 마셔요.
		杯 杯 杯 杯 杯 杯 杯 杯
		杯 杯

口 kǒu	3획	你家有几口人？ Nǐ jiā yǒu jǐ kǒu rén? 당신 가족은 몇 명이에요?
		口 口 口
		口 口

女 nǚ	3획	女朋友 nǚ péngyou 여자친구
		女 女 女
		女 女

9 你在哪儿工作?

跟 gēn (13획)
跟我们 gēn wǒmen 우리와

起 qǐ (10획)
一起 yìqǐ 함께

餐 cān (16획)
餐厅 cāntīng 식당

厅 tīng (4획)
咖啡厅 kāfēitīng 카페

吧 ba	7획 一起去吧。Yìqǐ qù ba. 같이 가요.
	吧 吧 吧 吧 吧 吧 吧
	吧 吧

做 zuò	11획 做菜 zuò cài 요리를 하다
	做 做 做 做 做 做 做 做 做 做
	做 做

医 yī	7획 医生 yīshēng 의사
	医 医 医 医 医 医 医
	医 医

生 shēng	5획 出生 chūshēng 출생하다
	生 生 生 生 生
	生 生

聪 cōng (15획)	聪明 cōngming 총명하다

聪聪聪聪聪聪聪聪聪聪聪聪聪聪聪
聪 聪

校 xiào (10획)	学校 xuéxiào 학교

校校校校校校校校校校
校 校

次 cì (6획)	两次 liǎng cì 두 번

次次次次次次
次 次

院 yuàn (9획)	医院 yīyuàn 병원

院院院院院院院院院
院 院

护 hù (7획)

护士 hùshi 간호사

休 xiū (6획)

休息 xiūxi 쉬다, 휴식하다

息 xi(xī) (10획)

我在家休息。 Wǒ zài jiā xiūxi. 나는 집에서 쉬어요.

记 jì (5획)

记者 jìzhě 기자

者 zhě — 8획

我是记者。 Wǒ shì jìzhě. 저는 기자예요.

题 tí — 15획

问题 wèntí 문제, 질문

10 你今年多大?

今 jīn — 4획
今天 jīntiān 오늘

年 nián — 6획
年纪 niánjì 나이, 연령

多 duō — 6획
多少 duōshao 얼마

岁 suì — 6획
岁月 suìyuè 세월

母 mǔ (5획)
母亲 mǔqin 어머니

纪 jì (6획)
纪念 jìniàn 기념

亲 qīn (9획)
亲戚 qīnqī 친척

挺 tǐng (9획)
挺好。Tǐng hǎo. 매우 좋아요.

米 mǐ (6획)
米饭 mǐfàn 쌀밥

属 shǔ (12획)
属于 shǔyú ~에 속하다

狗 gǒu (8획)
小狗 xiǎogǒu 강아지

长 cháng (4획)
多长? Duō cháng 얼마나 길어요?

9획 重 zhòng

多重？ Duō zhòng 얼마나 무거워요?

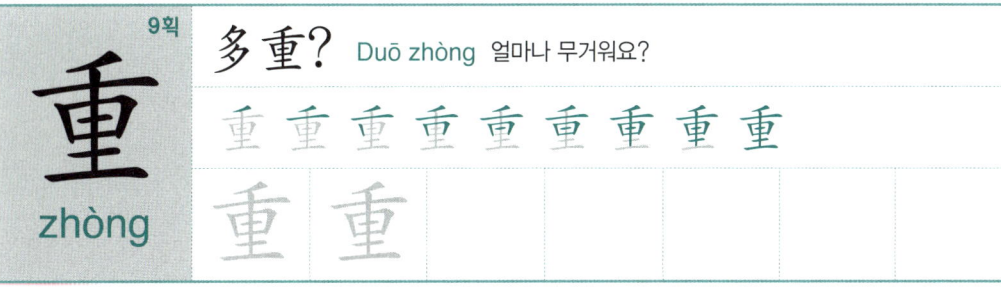

8획 兔 tù

我属兔。 Wǒ shǔ tù. 나는 토끼띠예요.

4획 牛 niú

我属牛。 Wǒ shǔ niú. 나는 소띠예요.

13획 鼠 shǔ

我属鼠。 Wǒ shǔ shǔ. 나는 쥐띠예요.

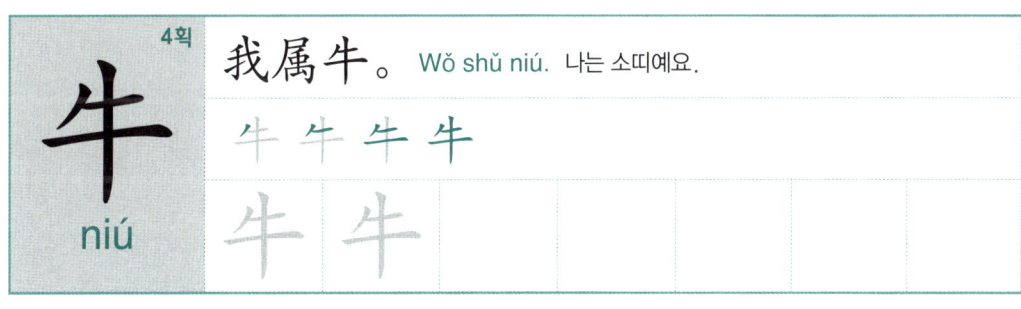

公 4획 gōng	公斤 gōngjīn 킬로그램(kg)
	公 公 公 公
	公 公

11 今天几月几号?

月 yuè (4획)

月亮 yuèliang 달

月 月 月 月
月 月

号 hào (5획)

几月几号? Jǐ yuè jǐ hào? 몇 월 며칠입니까?

号 号 号 号 号
号 号

星 xīng (9획)

明星 míngxīng 별, 스타(연예인)

星 星 星 星 星 星 星 星 星
星 星

期 qī (12획)

星期五 xīngqīwǔ 금요일

期 期 期 期 期 期 期 期 期 期
期 期

明 míng (8획)

明天 míngtiān 내일

明 明 明 明 明 明 明 明

明 明

天 tiān (4획)

天气 tiānqì 날씨

天 天 天 天

天 天

祝 zhù (9획)

祝你生日快乐! Zhù nǐ shēngrì kuàilè! 생일 축하합니다!

祝 祝 祝 祝 祝 祝 祝 祝 祝

祝 祝

快 kuài (7획)

快乐 kuàilè 즐겁다

快 快 快 快 快 快 快

快 快

5획 乐 lè	乐趣 lèqù 기쁨
	乐 乐 乐 乐 乐
	乐 乐

13획 想 xiǎng	想象 xiǎngxiàng 상상
	想 想 想 想 想 想 想 想 想 想 想 想 想
	想 想

15획 影 yǐng	电影 diànyǐng 영화
	影 影 影 影 影 影 影 影 影 影 影 影 影 影 影
	影 影

13획 零 líng	零食 língshí 간식
	零 零 零 零 零 零 零 零 零 零 零 零 零
	零 零

睡 shuì (13획)

睡觉 shuì jiào 잠을 자다

觉 jiào (9획)

我想睡觉。 Wǒ xiǎng shuì jiào. 나는 잠을 자고 싶어요.

谈 tán (10획)

谈恋爱 tán liàn'ài 연애를 하다

恋 liàn (10획)

我想谈恋爱。 Wǒ xiǎng tán liàn'ài. 나는 연애를 하고 싶어요.

逛 guàng (10획)

逛街 guàng jiē 윈도우 쇼핑을 하다

街 jiē (12획)

我想逛街。 Wǒ xiǎng guàng jiē. 나는 쇼핑을 하고 싶어요.

12 现在几点?

8획 现 xiàn

现在 xiànzài 지금

现 现 现 现 现 现 现 现

现 现

9획 点 diǎn

点心 diǎnxin 간식거리

点 点 点 点 点 点 点 点 点

点 点

4획 分 fēn

现在几点几分? Xiànzài jǐ diǎn jǐ fēn? 지금은 몇 시 몇 분입니까?

分 分 分 分

分 分

10획 班 bān

下班 xià bān 퇴근하다

班 班 班 班 班 班 班 班 班

班 班

后 hòu (6획)
以后 yǐhòu 이후

健 jiàn (10획)
健身房 jiànshēnfáng 헬스클럽

房 fáng (8획)
房子 fángzi 집

运 yùn (7획)
运动 yùndòng 운동하다

动 dòng

6획

动物 dòngwù 동물

减 jiǎn

11획

减肥 jiǎn féi 다이어트 하다

肥 féi

8획

肥胖 féipàng 비만

咱 zán

9획

咱们 zánmen 우리들

刻 8획 kè	三刻 sān kè 5분
	刻 刻 刻 刻 刻 刻 刻 刻
	刻 刻

半 5획 bàn	七点半 qī diǎn bàn 7시 반
	半 半 半 半 半
	半 半

差 9획 chà	差五分十点 chà wǔ fēn shí diǎn 10시 5분 전
	差 差 差 差 差 差 差 差 差
	差 差

用 5획 yòng	我们用筷子吃饭。 Wǒmen yòng kuàizi chī fàn. 우리는 젓가락을 사용하여 밥을 먹어요.
	用 用 用 用 用
	用 用

筷 kuài — 13획

筷子 kuàizi 젓가락

课 kè — 10획

下课 xià kè 수업을 마치다

商 shāng — 11획

商店 shāngdiàn 상점, 가게

店 diàn — 8획

我去商店。 Wǒ qù shāngdiàn. 나는 상점에 가요.

Memo

Memo

티엔티엔 중국어
독학 첫걸음 7단계 학습법

4단계 간체자 쓰기 노트로 **중국어 한자 마스터!**

기초부터 탄탄하게!

교재학습은 기본 어 기본

1
무료 동영상 강의·
오디오 강의로 포인트 예습!
(스마트폰 QR코드 / PC 다운로드)

2
독학 맞춤 플랜에 따라
**교재 학습+
팟캐스트 오디오 강의**

3
〈듣고 말하기 훈련용 MP3〉로
듣고 말하기 집중 훈련!

중국어가 알에서 부화하여 용이 되는 중~

잊지 말고 꼭 풀어보세요~

4
간체자 쓰기 노트로
중국어 한자 마스터!

5
매 과(UNIT) 별
필기시험으로 평가 →
80점 미만은 반복 학습

6
자투리 시간에는
포켓북으로 어휘, 어법,
회화까지 완벽 복습

7
HSK 유형의
최종 진단 평가로
완벽하게 자가 진단

이름